AF502878

6. Septembre 1715.

MEMOIRE
POUR
PERFECTIONER LA POLICE
SUR
LES CHEMINS.

AU REGENT.

ONSEIGNEUR,

JE ne doute pas que Vôtre Altesse Royale *ne voye avec plaiſir la joye que reſſent le Public, & qu'il vous témoigne depuis ſix jours en tant de*

manieres, de ce que le Gouvernement est parvenu entre vos mains.

Cette joye, MONSEIGNEUR, *est d'autant plus vive, plus générale, & plus sincere, qu'elle est fondée sur l'interêt de toute la France. Tous les Ordres du Royaume souffrent beaucoup depuis long-tems des suites malheureuses d'une Guerre necessaire, & chacun d'eux commence à se flater de l'agreable esperance de voir bien-tôt la fin de leurs peines, parce qu'ils sont persuadez que la droiture de vos intentions, & l'étenduë de vôtre sagesse sont proportionées au nombre, & à la grandeur de leurs besoins.*

Salomon le plus sage des Rois en arrivant au Gouvernement, sûr de ses bonnes intentions comprit que pour bien gouverner il n'avoit plus besoin que d'augmenter ses lumieres, pour connoitre avec évidence ce qu'il y avoit de meilleur à ordoner, & à faire en chaque rencontre; ainsi il ne souhaitoit rien tant, il ne demandoit à Dieu autre cho-

ſe que la ſageſſe: il devint le modéle des ſages & heureuſement pour nous il nous a apris en deux mots qu'outre la meditation, la méthode avec laquelle il devenoit tous les jours ſi ſage, conſiſtoit à ſçavoir bien écouter, Audiens ſapiens, ſapientior erit, (1)

Nous ſavons, MONSEIGNEUR, *que vous avez cultivé avec ſoin cette mètode dès voſtre plus tendre jeuneſſe, & comme il y a deux manieres de parler, la voix & l'écriture, il y a auſſi deux manieres d'écouter, l'oreille & les yeux: vous n'avez perdu aucune occaſion de vous inſtruire de ces deux manieres,* MONSEIGNEUR, *j'en puis parler comme témoin oculaire depuis 22. ans; chacun ſait que vous avez été extrémement curieux d'écouter tous ceux qui excelloient dans leur profeſſion: & comme ce que l'on écrit avec ſoin, particulierement dans des Memoires ſur des matieres particulieres, eſt bien plus aprofondi, que ce que l'on dit par hazard, ſur le champ, ſans aucune préparation, & que voſtre inclination vous a toujours porté à tout aprofondir, vous avez toûjours preferé de lire les bons Memoires à écouter des Discours, qui quelque bons qu'ils fussent, passent trop rapidement par raport à la foiblesse de nostre atention.*

Nous sommes persuadez, MONSEIGNEUR, *que vous ne quitterez jamais une pareille metode, qui vous donne une si grande superiorité d'esprit, & qui vous a acquis en Europe une si grande reputation parmi ceux qui excellent en chaque art & en chaque science: & c'est dans cette persuasion,* MONSEIGNEUR, *qu'après avoir étudié durant trente ans les matieres qui ont du raport au Gouvernement, je viens offrir ce Memoire à* VÔTRE ALTESSE ROYALE. *Je tâche d'y montrer l'importance dont seroit à l'Etat le reparation des Chemins, & les moyens les plus convenables pour les reparer. J'ay profité, autant que j'ay pû, des lumieres que j'ay tirées, soit des Livres & des Reglemens que j'ay lûs, soit des personnes habiles* que j'ay consultez, soit enfin de la meditation, & de ma propre experience : & comme vous avez une intelligence sublime, il ne tient qu'à vous, MONSEIGNEUR, de voir sur cette matiere en une heure & demie ce que je n'ay pû voir qu'en dix-huit mois.

Si les Memoires de cette espece vous paroissent propres à procurer des avantages considerables à l'Etat, il vous sera facile, MONSEIGNEUR, d'en faire naistre de meilleurs en peu de temps, & en grand nombre, à vous, MONSEIGNEUR, qui estes si fertile en bons expediens dans les affaires les plus difficiles : j'ay même déja commencé sur cela un Memoire dont les principales parties entrent par bonheur tout naturellement dans cet admirable plan de Conseil, dont vous eûtes la bonté de faire part le dernier jour au Parlement des Pairs dans cette memorable Séance, où vous gagnâtes tant de cœurs, où vous étonnâtes les plus *grands genies, & où vous reçûtes tant de respects, de soûmissions & d'aplaudissemens de cette Auguste Assemblée.*

Ce sera, MONSEIGNEUR, *à l'occasion des bons Memoires qui vous ariveront jusques du fond des Provinces les plus éloignées, que portant vos vûës encore plus loin que les meilleurs esprits sur les diverses parties du Gouvernement, vous trouverez tous les jours plus de facilité pour executer en peu de temps ces grands desseins qui doivent estre pour nous si utiles, & pour vous si glorieux.*

Je suis, MONSEIGNEUR, *avec un entier dévoüement & un respect très profond,*

DE VOTRE ALTESSE ROYALE,

Très-humble, très-obéïssant, & très-fidéle serviteur,
L'ABBE' DE SAINT PIERRE.

Au Palais Royal le 6. Septembre 1715.

(1) Audiens sapiens sapientior erit, & intelligens gubernacula possidebit. *Prov.* 1.

MEMOIRE

POUR PERFECTIONER LA POLICE SUR LES CHEMINS.

PREFACE.

Occasion de cette Ovrage.

LES incommodités que l'on souffre dans les mauvais Chemins, obligent quelques Voyageurs à penser aux moyens de faire cesser cette misére commune ; mais les peines du Voyage étant passées, d'autres objets viennent ocuper l'esprit, & l'affaire du Public demeure negligée. Comme d'un côté cette incomodité ne se fait presque jamais sentir ny au Roy, ny à ses Ministres qui seuls peuvent y donner ordre ; & que de l'autre personne ne leur à jusqu'ici suffisamment montré de quelle utilité seroient à l'Etat des Chemins commodes, je ne suis pas surpris que nous ayons en France un si grand nombre de Chemins impraticables, durant la plus grande partie de l'année.

Je ne songeois comme tout le monde qu'à éviter les Voyages d'Hyver, lorsque des affaires de famille m'obligerent en Novembre 1706. à sortir de Paris & à me mettre en chemin malgré moi pour aller à Saint-Pierre-Eglise en basse-Normandie. Je versai, ma Chaise rompit; un autre jour mes Chevaux embourbez, il falut rester dans les boues & à la pluye, jusque bien avant dans la nuit. Tout cela me confirma plus que jamais dans la résolution de ne plus voyager pendant cette saison. Je compris bien que cette résolution devoit aporter un prejudice notable à mes affaires; mais il me sembloit que la partie du revenu qui sert à se racheter des grandes peines, n'est pas la plus mal employée, & je trouvois qu'il valoit encore mieux souffrir cette perte de revenu, que de m'exposer à de pareils accidens.

Cette résolution me fit faire une reflexion qui est devenuë la principale cause de cet Ouvrage, je pensai que ce qui se passoit alors dans mon esprit, se passoit à peu-prés & à proportion dans l'esprit de la pluspart des autres François, & que prenant tous de semblables résolutions, il se devoit faire annuellement dans l'Etat une perte prodigieuse à cause du nombre prodigieux des perdans; qu'ainsi le Roi pouvoit peut-estre regarder cette affaire, non pas seulement comme une grande peine dont il pouvoit délivrer ses sujets, mais encore comme un dommage immense qu'il pourroit leur épargner.

Or comme j'eus un peu plus de loisir à Saint-Pierre que je n'en avois à Paris & à Versailles, & que l'afaire du Public me tenoit alors fort au cœur, je me mis à examiner serieusement & de suite, si c'estoit une chose réellement impossible de voir en France des Chemins commodes & praticables en Hyver; si ce qu'il en couteroit à chaque Generalité pour les Ponts & pour les Chaussées, & à chaque particulier pour reparer chacun *en droit soi*, n'étoit point une avance trop considerable, & si la dépense ne seroit point plus forte que le profit; car il faut conter pour mal necessaire, celui où l'on ne voit point de remedes, qui ne soient pires que le mal même.

Je fis donc travailler aux Chemins de mon voisinage à mes dépens, & aux dépens de quelques Riverains ou Bordiers des Chemins, & j'apris en quoi consiste la depense de ces reparations: J'en eus diverses conferences avec les meilleurs esprits du Païs qui avoient fait travailler: J'ecrivis sur cela diverses observations: Je les ai peu-à-peu augmentées: J'ai tiré plusieurs lumieres de la lecture des Ordonnances & des Auteurs qui ont traité de cette matiere; j'ai fait Imprimer 60 copies d'un Memoire in *quarto*, que j'ai envoyé à plusieurs Intendans & à plusieurs personnes habiles, & c'est aprés avoir profité de leurs lumieres, que je donne cet ouvrage au Public, afin d'exciter ceux qui ont de bonnes vûës sur ce sujet à les proposer publiquement.

Dans les choſes importantes à l'Etat, on ne ſaroit trop interroger ceux qui ſont bien inſtruits, & qui ont quelque zele pour le bien Public ; on ne ſauroit recevoi trop de lumieres.

Dans la premiere partie j'eſpere montrer avec l'évidence du calcul que la réparation & l'entretien des Chemins ſont d'une utilité incomparablement plus grande que la dépenſe, & qu'il y a au moins cinq cens pour cent à gagner.

Dans la ſeconde, je ferai quelques reflexions generales ſur les moyens les plus faciles de reparer les Chemins.

Dans la troiſiéme, je propoſerai un projet de reglement capable de nous procurer un ſi grand avantage.

PREMIERE PARTIE.

IMPORTANCE DE LA REPARATION des Chemins.

PREMIERE CONSIDERATION.

Chemins de France plus ſujets à Réparation.

LA Mer fait la moitié des Frontieres de la France, les vents de Sud paſſent par-deſſus la Mediterranée ; les vents d'Oüest passent par-dessus l'Ocean ; ainsi il est necessaire qu'ils aportent avec eux des nuages pleins d'eau, & comme ces vents d'entre le Sud & l'Oüest, regnent en France plus de dix mois de l'année, il est impossible qu'ils n'y rendent en même-tems le climat pluvieux & le terroir abondant ; mais la pluye qui cause l'abondance, gâte les Chemins qui sont cependant *les canaux du commerce* par où doit couler cette abondance ; aussi c'est dans les Provinces les plus abondantes & les plus peuplées, telle qu'est la Normandie, qu'il faut plus d'attention à reparer les Chemins.

SECONDE CONSIDERATION.

Vüë generale sur l'Importance des Chemins.

DEux choses sont trés-importantes au commerce ; la commodité, & la sureté des Chemins : les chemins ont beau estre seurs, s'ils sont impraticables on n'y passe point & ils ont beau estre commodes, on ne se met point en chemin s'il n'y a seureté parfaite. Nous voyons avec douleur que depuis la paix les Chemins sont bien moin seurs qu'ils n'estoient ; cela cause une diminution prodigieuse au commerce, & il faut bien qu'il n'y ait pas assez d'Archers employés à cette partie de nôtre police, ou qu'ils ne fassent pas leur devoir ; je ne veux point ici en chercher la cause, & quant à present je n'ai en vûë que d'éclaircir l'importance & les moyens de reparer les chemins: une autre fois je pourrai chercher les moyens de les rendre seurs, il est incomparablement plus difficile de rendre les ruës de Paris seures, & un homme seul en est venu à bout, on peut l'imiter & se servir ses lumieres.

Il est visible que le commerce augmentera à proportion que les Chemins seront rendus commodes, & qu'il diminuëra tous les jours de plus en plus à proportion qu'on negligera de les mettre & de les entretenir en bonne réparation.

Si les chemins estoient bien reparés, il en naîtroit trois sources considerables de profit.

1°. Un trés-grand nombre de personnes feroient un tiers plus de voyages trés-utiles pendant la saison des mauvais Chemins, sur tout dans les Provinces Septentrionales de France qui sont les plus fertiles.

2°. Il se feroit un tiers plus de marchés ou d'échanges, c'est-à-dire que les marchandises passeroient par un tiers plus de mains, & cette difference seroit au moins d'un sixiéme de profit de plus sur le total.

3°. On épargneroit la sixiéme partie de la dépense des voitures, par exemple, ce qu'on ne voiture qu'avec six Chevaux & deux hommes, pendant six mois de l'année, se voitureroit souvent avec quatre Chevaux & un homme, on iroit un quart plus loin, les Charettes & les Chevaux porteroient un fardeau plus pesant d'une sixiéme partie.

TROISIE'ME CONSIDERATION.

Premiere Source de profit.

Un tiers plus de Voyages utiles.

A L'égard de la premiere Source de profit, il est certain que la plûpart des gens riches & à leur aise qui sont dans les Villes, que la plûpart des Veuves qui sont chargées des affaires de leur famille, que les riches negotians ne marchent point, ou presque point en Hyver, c'est-à-dire pendant plus de la moitié de l'année à cause des mauvais chemins, & que ces mêmes personnes iroient & viendroient bien plus souvent pendant ces six mois à leurs terres, ou de Ville en Ville pour leurs affaires, si elles y pouvoient aler commodement & promptement en Carosse, ou en Chaize, sans augmenter le nombre de leurs Chevaux; cependant combien de perte cela leur cause-t-il, ils manquent à vendre & à acheter à propos, leurs denrées déperissent, les reparatious doublent & triplent faute d'y doner ordre à tems, les terres demeurent quelque tems incultes faute de prendre le tems propre pour affermer. Les hayes, les arbres fruitiers ne sont point plantés assez-tôt, des ouvriers demeurent sans emploi, ou ne sont employés qu'à-demi; si les autres personnes moins riches marchent l'Hyver, ils font tous beaucoup moins de voyages & avec plus de dépenses, parce qu'ils sont plus de jours en chemin. Or il est évident que toutes ces choses & beaucoup d'autres, sont en pure perte pour les particuliers & pour l'Etat, & que leur prodigieuse multitude cause une perte prodigieuse pour le Royaume, on ne sauroit estimer moins cette perte que la trentiéme partie des revenus en fonds de terre; ce qui monte pour la Normandie à plus d'un million, puisqu'il y a plus de trente millions de revenus en fonds terre, témoin le Dixiéme qui monte environ à trois millions; or l'on sait que cette Province n'est que la dixiéme partie du Royaume, & par consequent c'est plus de dix millions de perte par an pour l'Etat, à ne considerer que cette seule source.

QUATRIE'ME CONSIDERATION.

Seconde Source de profit

Un tiers plus d'Echanges.

ON sçait qu'en Holande les Marchandises s'échangent beaucoup plus souvent, & passent par beaucoup plus de mains qu'en France; les ventes, les achats, toutes sortes de marchés sont des especes d'Echanges, dans tout Echange les deux parties y gagnent, ou croyent y gagner; car sans le gain mutuel, soit réel, soit aparent, nul Echange, nul marché ne se feroit. Il y a des

Echanges

Echanges où l'un trompe, & où l'autre eſt trompé; mais ſi l'un gagne autant que l'autre perd, ces Echanges ne ſont ni nuiſibles, ni avantageux à l'Etat, pourvû que celui qui trompe ne ſoit point étranger; il y en a où l'un gagne plus que l'autre ne perd; il y en a où tous les deux font un gain réel, ſoit égal, ſoit inégal; ces deux dernieres ſortes de marchés qui ſont les plus communs, ſont fort utiles aux particuliers, & enrichiſſent l'Etat qui eſt compoſé de ces particuliers.

Un Bourgeois de Paris, par exemple, a une Terre auprés de Cherbourg qui ne lui vaut que 2000. liv. de rente, année commune, tous frais faits, parce qu'il en eſt éloigné de prés de quatre-vingt lieuës. Un Bourgeois de Cherbourg en a une auprés de Paris, qui par la même raiſon de l'éloignement ne lui vaut non plus que 2000. liv. il font échange, chacun fait dans ſa nouvelle terre des augmentations; l'un deſſéche un marécage, l'autre rétablit un moulin; l'un plante une vigne, l'autre plante des pommiers; l'un met en pré ce qui eſtoit en labeur; l'autre met en labeur ce qui étoit en bois, chacun d'eux s'épargne des voyages, chacun d'eux tire de ſa Terre des denrées pour la conſommation de ſa maiſon, chacun fait des réparations à tems, vend & achete à tems; s'il ne trouve point de Fermiers, il eſt à portée d'en faire valoir une partie par ſes mains; enfin chacun trouve que ces augmentations vont à plus d'un tiers.

Je ne parle point du profit qu'ils font tous deux demeurant ſur les lieux, en affermant plus cher leurs terres au Fermier, & en évitant les banqueroutes par leurs presence, car quoique ce soient des pertes réelles pour chacun des Proprietaires; on pourroit dire que le Fermier, que le Banqueroutier gagne, ce que le Proprietaire y perd, & qu'ainsi l'Etat n'y perd rien.

Il en sera à proportion de l'échange que feroit le Bourgeois de Paris de sa terre prés de Cherbourg, contre une rente de 2000. liv. sur l'Hôtel de Ville de Paris, que lui donneroit le Bourgeois de Cherbourg; car il y gagneroit les peines, le tems & les frais des voyages, & le soin d'afermer, mais il n'y gagneroit nulle augmentation de revenu; pour le Bourgeois de Cherbourg il y gagneroit, en ce qu'il seroit payé des soins qu'il prendroit à faire mieux valoir cette Terre. Il est vray que le Bourgeois de Paris, de son côté pourroit employer son loisir à quelqu'autre ocupation qui lui seroit aussi utile que le soin pour faire valoir une Terre; & alors les deux contractans gagneroient également au Contrat.

Une terre que l'on ne peut faire valoir à cause de l'éloignement ou faute d'argent, demeure inculte, & ne raporte rien, à moins que l'on ne la baille à un Fermier; ainsi à faire un bail ordinaire, le Proprietaire & le Fermier y gagnent tous deux, & plus les biens des particuliers sont en valeur, plus le Royaume s'enrichit & devient florissant.

A l'égard des échanges des choses mobiliaires, il est évident qu'il y a quantité de denrées necessaires à l'entretien & à l'agrément de la vie qu'il faut vendre à tems, autrement elles déperissent tandis qu'elles seoient consommées avec utilité par d'autres qui en ont besoin. Ce vaisseau de Cherbourg porte à Bordeaux de la toile qui y est necessaire, & raporte du vin qui est necessaire à Cherbourg. A cet échange les deux Provinces y gagnent, la basse-Normandie a besoin de vin qui abonde en Guienne, la Guienne a besoin de linge, qui abonde en basse-Normandie; ainsi la Guienne fait valoir davantage le terroir de Normandie propre au lin, tandis que la Normandie fait valoir davantage le terroir de Guienne propre au vin.

Celui dont la Terre est ennuyée de paître, vend ses moutons, il achete du blé pour semer la Terre qui lui raportera le double de ce qu'elle eût fait en pâturage; celui dont la Terre est ennuiée de labourer, vend son blé pour acheter des moutons qui feront plus valoir sa Terre en pâturage, qu'elle n'eût valu labourée. Il se fait ainsi un échange de blé contre des moutons par l'entremise de la monoye, où tous les deux profitent.

Il est donc visible que tout ce qui multiplie, que tout ce qui facilite cette multitude presqu'infinie d'échanges, multiplie les profits de tous les particuliers, & enrichit l'Etat qui est composé de tous ces particuliers, au lieu que tout ce qui diminue le nombre de ces échanges, tout ce qui en retarde considerablement le cours y cause une perte considerable; car enfin tout commerce n'est qu'échange, & l'unique fondement des grandes richesses d'un Etat c'est le grand commerce; or il est évident que les mauvais chemins qu'on trouve pendant plus de la moitié de l'année, empêchent les Marchands d'aler, & les marchandises d'être voiturées, que ces mauvais chemins diminuent infiniment le nombre des échanges ; le nombre des Contrats de vente, le nombre des Baux & des autres actes volontaires, pour toutes les sortes d'échanges.

Il y a en Normandie pour plus de 35. millions de revenus en fonds de terre, y compris les fonds de l'Eglise, par ce revenu en fonds terre, j'entens la vente qui se fait *de la premire main* des fruits de la Terre, comme le bled, le lin, la laine, &c. car je ne conte point au nombre du revenu en fonds de terre, le profit des secondes & troisiémes mains non plus que le profit des Marchands de blé, des Boulangers, des Patissiers, des Fileuses, des Tisserans, des Marchands ou de toile ou de drap. Ceuxqui ont étudié le Commerce de cette Province, soûtiennent qu'il y a pour plus de cinquante millions de revenu en manufactures & en autres profits, provenans des échanges de la troisiéme main, de la quatriéme main. Or s'il y a pour cinquante millions de profit pour les particuliers en échanges de la seconde, troisiéme & quatriéme main, il y auroit au moins un vingtiéme d'augmentation, de commerce, & de profit, si les Chemins étoient à peu prés aussi commodes en Hyver qu'en Eté. Or ce vingtiéme monte à plus de 2500000. livres, & comme la Normandie fait la dixiéme partie de la France, ce seroit de ce seul article au moins vingt-cinq millions de profit par an pour tout le Royaume.

J'ajoûte en preuve un fait notoire. Dans ma Province il y a tous les ans une Foire celebre à Caën quinze jours aprés Pâques, qu'on apelle *la Foire franche*. Avant que M. *Foucaut* Intendant de Caën, eût fait reparer le chemin de Caën à Lisieux, les Marchands de Paris ne chargeoient leur fourgons qu'a-mi charge, à cause de ce chemin, & ils avoient bien de la peine à s'en tirer, au lieu qu'à present ils viennent avec leur charge complette & n'ont nulle peine; mais aussi il faut rendre cette justice à cet Intendant, il lui a fallu surmonter bien des difficultés, il a eu besoin d'une longue & constante aplication pour faire une ouvrage si utile à la Province.

CINQUIE'ME CONSIDERATION.

Troisiéme Source de profit.

Un sixéme moins de dépense pour les Voitures.

POur bien juger de l'importance de la troisiéme Source de profit, il est à propos de faire icy quelque sorte de suputations, aussi bien la Police n'est fondée que sur des suputation, & la bonne police sur les suputations les moins fautives, soit que l'esprit les fasse en gros, mais avec justesse, & c'est en cela particulierement qu'on remarque la difference de l'esprit juste, docile & qui ne cherche que la verité, d'avec les esprits partiaux, opiniatres, & qui ne veulent de verité que celle qui leur plaît; soit que ces suputations se fassent en détail, & alors les esprits les moins justes sont capables d'en juger.

Je supose donc que dans chaque Intendance il y ait un *Inspecteur des Chemins* qui sera Secretaire ou premier Commis de l'Intendant pour le département des Chemins, Ponts, Chaussées, Navigations des Rivieres & Canaux, & pour les déséchemens, qu'il ait un *Voyer* pour chaque Bailliage, Sénéchaussée, ou Election, & un *Cheminier* ou *Sous-Voyer* dans chaque petite Ville, & dans chaque Bourg de la dépendance de l'Election; Je supose que le Voyer de l'Election coûte 1000. liv. & le Cheminier 750. liv. en vacations, qui seront prises sur les amandes des chemins & par suplément sur le fonds qui se levera dans chaque Election pour les Chemins de l'Election.

Je done pour exemple le Bourg de Saint Pierre-Eglise, il est dans une presqu'Isle au Nord, à une lieuë est la mer, vis-à-vis de l'Isle de Wik en Angleterre, il a le Port de Cherbourg à trois lieuës au Couchant, il a Barfleur autre petit Port de mer, à deux lieuës & demi au Levant, il a Valognes au Sudouëst, à quatre lieuës, & Quetehou prés la Hougue sur la mer à trois lieuës au Sudest; ce sont les quatre marchez des Villes & des Bourgs qui environnent Saint-Pierre.

Je supose que le Cheminier de Saint-Pierre ait dans son détroit environ la moitié du Chemin de Saint-Pierre, à chacun de ces deux Villes & de ces deux Bourgs, il aura environ dix-huit Paroisses, tant petites que grandes ; ce détroit ne sera ni le plus fort, ni le plus foible, ni le plus, ni le moins peuplé des onze Bourgs de l'Election de Valognes. Cette Election n'est ni la plus forte, ni la plus foible, ni la plus, ni la moins peuplée des neuf Elections de la Generalité ; & la Generalité de Caën n'est ni la plus forte, ni la plus foible, ni la moins peuplée des trois Generalitez qui sont en Normandie ; ainsi la suputation que je vas faire, tiendra à peu prés le milieu entre le *fort* & le *foible*.

Il y a dans ces dix-huit Paroisses environs six cens trente Chevaux tant grands que petits, & soixante-deux Charettes attelées de quatre Bœufs, & de deux Chevaux, y compris les demi-charettes ou demi-harnois ; ces Chevaux & ces Charettes sont ocupés en partie au labourage, & en partie à charier le long de l'année du Sable & du Vrec, sorte d'herbe qu'on tire de la mer pour engraisser les terres ; ces Chevaux ou Bœufs charient du bois, du Cidre, du Blé, du Foin, de la Paille, & voiturent de marché à marché, de Bourg à Ville diverses marchandises.

Il est évident que si les Chemins étoient beaux & à peu prés aussi commodes en Hyver qu'en Eté, chaque Cheval, chaque Charette chariroit au moins un sixiéme de plus, soit parce qu'on porteroit plus pesant, soit parce qu'on iroit plus vîte, soit parce qu'un homme suffiroit à mener deux ou trois Chevaux, soit parce que ce qui se charie à Chevaux, se chariroit à Charette ; de sorte que pour faire les mêmes voitures 525. Chevaux, & 262. hommes suffiroient ainsi dans ces 18. Paroiſſes on épargneroit l'achat, la nouriture & l'entretien de 105 Chvaux, la nouriture & l'entretien de cinquante & deux hommes pour les mener, & de dix Charettes, & de vingt hommes pour mener ces Charettes. Pluſieurs gens d'eſprit & d'experience, croyent que cette épargne au lieu d'un ſixiéme iroit à un cinquiéme, & même à un quart.

Or ſupoſé que chaque Cheval, l'un portant l'autre coûte par an en ce canton-là cinquante livres à nourrir, à ferrer, entretenir d'équipage, à refournir par achat, c'eſt pour cent cinq Chevaux, cinq mille deux cens cinquante livres, ſupoſé que chaque homme en gages & en nourritures, coûte quatre-vingt livres par an, c'eſt quatre mille ſept cens ſoixante livres pour cinquante-deux hommes, ſupoſant encore que les ſix animaux qui tirent chaque Charette, coutent deux cens livres par an les ſix, & que chacun des deux valets pour la conduire coûte quatre-vingt liv. par an, c'eſt trois mille cinq cens cinquante liv. pour deux Charettes & vingt hommes; ces trois ſommes épargnées font douze mille neuf cens ſoixante livres.

Pluſieurs perſonnes inſtruites de ces frais, croient que cette eſtimation eſt trop foible d'un quart; d'autres la croyent même trop foible d'un tiers pour les hommes & pour les Chevaux; mais je veux bien la mettre au plus bas pour eſtre plus ſeur de ne point faire une ſuputation fautive.

Le Cheminier ne coûtera que ſept cens cinquante liv., & la cotte-part que devra le Bourg ou reſſort de Saint-

Saint Pierre pour les mille livres de vacations du Voyer de l'Election, ira environ à la dixiéme partie de mille livres, c'est-à-dire à cent livres, la dépense des particuliers pour réparer chacun en droit soit les Chemins, n'ira certainement pas à onze cens liv. année commun pour les dix-huit Paroisses, vû les journées inutiles employées, vû les dépenses publiques que l'Election fera en certains endroits, & vû que dans trois ou quatre ans, des reparations trés-legeres sufiront dans la plûpart des Chemins; je parle ainsi pour avoir suputé ce qu'il en couteroit dans cette *Cheminerie*.

Pour achever la suputation, on peut suposer avec fondement que dix mille francs par an sufiroient à peu prés dans l'Election de Valogne, pour reparer & entretenir non-seulement les Ponts & les mauvais endroits de cette Election, soit ceux qui ne sont que de cailloutage, soit ceux qui sont pavés; mais encore pour construire un jour de nouveaux Ponts, & commencer de nouveaux pavez, ensorte que peu à peu les endroits un peu importans se trouveroient en moins de vingt ans tous pavez, & la dépense de beaucoup de Bordiers trés-diminuée.

Je supose que les dix-huit Paroisses pour leur part de la levée de ces dix mille livres de l'Election, en payassent la dixéme partie, c'est-à-dire mille livres, ces quatre sommes 750. liv. 100. liv. 1100. liv. & 1000. liv. suffisent pour la dépense entiere que fera ce petit canton, pour avoir des Chemins aussi commodes en Hyver qu'en Eté, & montent à deux mille neuf cens cinquante livres par an, & comme il en retirera au moins douze mille neuf cens soixante livres, il restera encore dix mille livres de profit par an pour moins de trois mille livres d'avance ou de dépense pour les dix-huit Paroisses de cette *Cheminerie.* Or onze fois dix mille livres feroient cent dix mille livres de profit par an aux onze Bourgs, ou petites Villes, ou aux 180. Paroisses de l'Election ou Voyerie de Valogne, & cela pour environ onze mille écus ou 33000. livres d'avance.

A suivre la mesme proportion, le profit de la Generalité de Caën, composée de neuf Elections, ou de neuf Voyeries, monteroit à neuf cens quatre-vingt-dix mille livres outre les trois cens soixante & trois mille livres d'avance, & par proportion le profit de la Generalité d'Alençon monteroit à plus de six cens dix mille livres, & celui de Roüen à plus de quatorze cens mille livres, ce qui feroit plus de trois millions de profit tout frais faits, pour la seule Normandie outre le remboursement d'environ 900000. livres d'avance, & par proportion plus de trente millions de profit par an, pour le Royaume entier, outre le remboursement des neuf millions d'avance; cependant on ne considere ici qu'une des trois sources qui est l'épargne de la sixiéme partie des voitures, & ces voitures épargnées seroient utilement employées à augmenter le transport des marchandises & le labourage.

La premiere Source produira donc au Royaume dix millions de profit annuel. La seconde vingt-cinq millions, & la troisiéme trente-neuf millions, y compris les neuf millions d'avance, qui ont esté précontés sur la troisiéme Source ; ainsi la réparation des Chemins produira de profit par an plus de soixante & quatorze millions pour moins de neuf millions de dépense : ainsi ces neuf millions de dépense rendront 65. millions, c'est-à-dire au moins huit pour cent, & cela dés l'Hyver qui suivra cette réparation.

L'Election de Valogne paye à l'Etat en Tailles, Aides, Sel, Entrées, Papier, Controlle, Capitation, Dixiéme, & autres impositions ordinaires, plus de quatre cens mille francs, année commune. Or si on levoit encore dix mille livres sur cette Election pour les Chemins, cela suffiroit pour les reparer, & ces dix mille livres produiroient par an huit pour un de profit à l'Election, huit écus pour un à chacun des imposez.

A l'égard de la maniere d'imposer ces dix mille francs sur chaque Election qui payera au Roi 400000. liv. par an, c'est-à-dire six deniers pour liv. ou un quarantiéme de plus, cela se fera facilement par les Receveurs des Tailles, de la Capitation & du Dixiéme, & des Décimes du Clergé ; chacun payera sans murmurer, quand par le réglement on saura que le fonds sera remis entre les mains du Tresorier des Chemins sans sortir de l'Election, & qu'il doit produire un si grand profit & une si grande commodité. A l'égard des biens d'Eglise, on pourroit prendre sur chacun le vingtiéme de ce qu'il paye de subside : Bergier dit que Charlemagne n'en exemta pas les Ecclesiastiques de son tems.

Le Fermier qui fait l'avance de cinq cens liv. pour

aire valoir une Ferme à Blé, ne retire pas année commune vingt pour cent de profit de ſon avance, j'en ay fait le calcul & la preuve avec des Laboureurs ; & c'eſt cependant le plus grand profit qu'un Fermier faſſe dans le train ordinaire de ſon commerce en riſquant même les mauvaiſes années, & ces riſques ne l'empêchent pas de faire cette avance meſme en tems de guerre où l'argent eſt le plus rare.

Je ſçay bien que ces ſortes de ſuputations ne peuvent jamais ſe faire avec une exactitude parfaite, parce qu'on ne peut preſque jamais eſtre informé aſſez exactement de tous les faits qui ſeroient neceſſaires pour fonder un calcul parfaitement exact ; mais les gens de bon eſprit, qui ſont un peu au fait des affaires de police, verront ici au travers des obſcuritez qui reſtent encore à éclaircir, un profit immenſe que produiroit en France le bon état des chemins, & par conſequent une perte prodigieuſe que l'on y fait. Ils verront que quelque diminution que l'on faſſe ſur ce profit, on ne ſauroit en faire aſſez avec quelque fondement, qu'il ne reſte encore plus de cinq cens pour cent de profit annuel.

Il y a une obſervation importante à faire ſur l'avantage qu'aporte la reparation des Chemins, c'eſt que dans le profit que peut produire à l'Etat l'établiſſement de quelque nouvelle Manufacture, ou la nouvelle augmentation de quelque ancienne eſpece de Commerce ; il y a toujours à rabattre la perte qu'en ſouffre un autre ſorte de Manufacture par la diminution de ſon debit

& de ses Ouvriers ; il en est de même d'une Province qui commence à s'enrichir en augmentant son Commerce, parce que d'autres Provinces voisines en souffriront un peu de diminution dans le leur : or ce qu'elles en souffriront est à rabatre du profit qu'en reçoit l'Etat ; mais à l'égard du profit qu'aportera au Royaume la réparation des chemins, il est d'une espece si heureuse, que toutes les sortes de Commerces en augmenteront, & que toutes les Provinces partageront également entre elles ce grand avantage.

Je ne sçaurois quitter ce Chapitre sur l'Epargne des Voitures par terre, sans faire reflexion combien nous perdons tous les ans en France, faute de rendre plusieurs rivieres navigables où elles ne le sont point, faute de faire des canaux navigables où il n'y en a point, faute de faire un pavé de deux ou trois pieds de large aux mauvais endroits pour le halage des bateaux.

Un Cheval tire sur deux rouës un fardeau trois fois aussi pesant, que celuy qu'il porteroit sur un bât, de sorte que si deux Chevaux portent l'un un poids de deux cens livres, l'autre un poids de trois cens livres, ils tireront ensemble un poids de quinze cens livres, outre le poids de la charette qui va encore presque à cinq cens livres, & ce qui est trés-important, ils se blessent rarement en tirant, au lieu qu'ils se blessent trés-fréquemment en portant ; si ces deux Chevaux tirent 2000. livres sur deux rouës, ils tireront encore plus facilement sur un canal, un bateau qui portera vingt-deux fois autant, c'est-à-dire, quarante-quatre mille livres ; de ſorte que ſi pour voiturer certaines denrées par charette le long d'une riviere navigable à certaine diſtance , il coûtoit vingt-deux mille francs, il n'en coûteroit que mille francs par bateau.

Il eſt vray qu'il y a pluſieurs choſes a rabattre ſur cette épargne. 1°. Les chemins par terre ſont plus courts. 2°. Il y a beaucoup d'endroits en France, où il n'y a pas moyen de faire aucune navigation. 3°. Il en coûte plus pour nettoyer les rivieres & entretenir les portes & les écluſes que pour entretenir les chemins. 4°. C'eſt une grande dépenſe à faire d'abord que de creuſer des canaux, mais toutes ces choſes déduites, cela n'empêche pas qu'il ne ſoit viſible, que ſi l'épargne d'une ſixiéme partie des Voitures vaut au Royaume trente millions par an, il n'y eût pour toutes les Provinces beaucoup, à gagner à multiplier les voitures par eau, & qu'il y avoit au moins deux cens pour cent de profit à multiplier la navigation interieure autant qu'elle pourroit l'eſtre. Les Officiers des Chemins pourroient eſtre employésa maintenir cette navigation interieure.

Au reſte qui ne voit que l'Etat ne ſauroit gagner ſoixante millions par an à la réparation des chemins que le Roi n'y gagne perſonnellement à proportion, puiſqu'en ſupoſant qu'il prend le dixiéme ou la Dixme Royale des revenus de l'Etat, il augmenteroit ce dixiéme de plus de ſix millions.

SIXIE'ME CONSIDERATION.

Incommoditės des particuliers.

IL faut encore conter pour quelque chose dans un grand Etat, les grandes incommoditez de ceux qui sont obligez de voyager dans de mauvais chemins. Les carosses de Voiture sont plus de jours en chemin ; ils arrivent souvent bien avant dans la nuit ; les Voyageurs souffrent plus long-tems le froid ; ils ont peur dix fois dans le jour de verser, de se blesser, de demeurer en chemin surtout la nuit ; les équipages se rompent, les chevaux s'estropient. C'est un accident fâcheux de verser, il se casse des glaces, on se blesse souvent, & plusieurs sont morts de leurs blessures ; c'est même un grand mal que d'avoir à craindre dix fois en dix lieuës un pareil accident ; cependant que l'on songe, que si à ces dix endroits qui sont dans l'espace de dix lieuës un homme avec son piq, ôtoit d'un costé un demi pied de terre ou de cailloütage, en le jettant dans l'orniere opposée, il délivreroit les Voyageurs & du mal & de la crainte du versement. Je mets en fait que ces dix endroits ne coûteront point dix heures de travail, c'est-à-dire, huit ou dix sols au plus pour un an, & il y a tel de ces chemins où il passe un trés-grand nombre de carosses par an, police d'autant plus défectueuse, qu'il est aisé d'y remedier par des *Cheminiers* appliquez aux petits détails des chemins.

Les incommoditez des ſujets qui voyagent, ſont des conſiderations trés-dignes d'attention dans un état bien policé : car enfin la force & la richeſſe d'un Etat dépendent du grand nombre des habitans ; le grand nombre des Habitans dépend d'un côté du grand nombre des commoditez qu'on y trouve, & qu'on ne trouve point ailleurs, & de l'autre, de ce qu'on y reſſent moins d'incommoditez que dans les Etats voiſins ; d'ailleurs plus on voyage commodément dans un Royaume, plus il y a de Voyageurs Etrangers qui ſont autant d'Habitans paſſagers, ainſi la diminution de ces incommoditez des Particuliers, peut paſſer pour une choſe très-utile à l'Etat.

SEPTIE'ME CONSIDERATION.

Les Poſtes & les Cabarets.

ON ſçait de quelle commodité ſont les Poſtes, les Chaiſes de Poſte, & les bons Cabarets ; combien de perſonnes n'ont que cinq ou ſix jours à mettre à un voyage, qui n'en font point du tout, parce qu'ils ſeroient trop long-tems en chemin ; trois choſes rendent ces Voitures cheres. 1. Les chevaux ſouffrent trop à courir dans les mauvais chemins. 2. Les mauvais chemins font qu'on ne peut mettre les Chaiſes ſur quatre roues, ainſi le cheval du brancart & le cheval

val du postillon, portent & tirent en mesme-tems: or cela les ruine bien-tôt; & d'ailleurs, il faut toûjours que l'un des deux soit dans l'orniere, autre cause de leur ruine. 3. Presque personne ne voyage pendant les six mois de mauvais chemins; ainsi les chevaux des Maistres de Poste leur sont à charge n'étant point employez, & il faut qu'ils se recompensent l'Eté de ce qu'ils perdent l'Hyver; cependant quelle commodité perduë d'aller plus de la moité plus vîte, de choisir les bons gîtes, & de n'avoir point de peur de ruiner ses chevaux: on peut dire, que si les chemins étoient beaux, il ne coûteroit pas davantage alors à voyager en Poste, & en chaise, qu'il en coûte presentement pour voyager à cheval, à petites journées; or quelle difference?

A l'égard des cabarets, n'est-il pas visible, que plus il y auroit de voyages l'hyver, plus il y auroit de Voyageurs, ainsi il y auroit plus de Cabaretiers, & par consequent les cabarets deviendroient plus nombreux & meilleurs, ce qui invite un bien plus grand nombre de personnes riches à voyager, nouvelle cause de l'augmentation du Commerce.

HUITIE'ME CONSIDERATION.

Magasin des frontieres marches des Troupes & de l'Artillerie.

IL y a beaucoup de magasins qu'il faut faire sur les frontieres durant l'Hyver, il y a mesme des marches de Cavalerie & d'Infanterie qu'il est important de faire faire ou pendant l'Hyver, ou dans des tems pluvieux de l'Eté : or ces choses dont dépend souvent le salut de l'Etat sont impraticables, faute de chemins qui soient praticables ; l'Artillerie sur tout n'est presque pas transportable ces jours-là sans pavé. Et quelle incommodité pour les gros équipages d'une Armée, combien ces pavez épargneroient de chevaux au Roi & aux Officiers, & par consequent combien de fourages secs ? les Magasiniers font payer au Roi au double les danrées, parce qu'il leur couté le double pour les faire transporter quand les chemins sont mauvais ; l'Entrepreneur des vivres en fait autant ; combien d'entreprises importantes manquées par ce seul obstacle d'un mauvais chemin.

Voilà assez de maux, voilà assez de pertes trés-considerables & trés évidentes, voilà d'assez grands profits demontrés pour exciter à chercher quelques remedes, je vais en indiquer quelques uns d'une maniere generale dans le discours suivant.

SECONDE PARTIE.

CONSIDERATIONS GENERALES Sur les Moyens.

PREMIERE CONSIDERATION.

Chemin en Campagne

LEs grands chemins paſſent ou ſur des terres ouvertes ou non-cloſes, ou ſur des terres qui ſont cloſes, ſoit par des murs, ſoit par des foſſez plantez.

La plûpart des grands chemins qui paſſent par des terres non-cloſes, ou ſont bons, ou ſeroient bons, ſi les *Bordiers* ne labouroient point trop prés du chemin, & cela. 1o. Parce que les Voyageurs prenant aiſément ou à droite ou à gauche, il ſe fait peu d'ornieres. 2o. Parce que les vents enlevent fort promptement l'eau de pluye des chemins qui ſont en raſe campagne, & le long deſquels il n'y a point d'arbres. 3o. Parce que les chemins n'étant point creuſés, les eaux n'y prennent point leurs cours.

Je ſçai bien qu'il y a des endroits marécageux, qui

ſont toûjours mauvais, à moins qu'ils ne ſoient pavés ; mais alors les *Bordiers* ou *Riverains* de ces chemins, ne ſont pas tenus de faire ſeuls la dépenſe neceſſaire pour rendre ces chemins commodes, c'eſt une dépenſe qui regarde ou l'Election, ou même la Generalité, ſi c'eſt un chemin de grand commerce, & qui ne les regarde qu'en tant qu'ils ſont partie de l'Election ; ils en ſont quittes pour laiſſer au Voyageur toute liberté de prendre dans leurs heritages ou plus à droite, ou plus à gauche, comme il lui plaira, comme ils ne rendent pas le chemin plus mauvais par des clôtures, ils ne doivent rien de plus pour le rendre bon, que ce que peuvent devoir les autres Habitans qui n'en ſont point *Bordiers* ; mais les mauvais chemins dans les campagnes ou terres non-cloſes, ſont en petit nombre en comparaiſon des autres.

Il y a auſſi des endroits montagneux où la pente des chemins eſt trop rude, il y a même des endroits qui demanderoient des Chauſſées & des Ponts, ainſi l'on voit que ces réparations ſont de deux ſortes ; les unes que doivent les Bordiers chacun en droit ſoi, les autres que doit le Public des Habitans de l'Election Bordiers ou non Bordiers. En l'état où ſont les dettes annuelles & les revenus de l'Etat, nous ſavons que l'on ne peut eſperer preſentement de ce Royaume autre choſe, ſinon qu'ils ſuffiſent à payer exactement le courant des Charges, & à faire quelques rembourſemens de choſes trop onéreuſes à l'Etat, ou pour retirer des fonds qui ſont alienez à très-vil prix ; ainſi il eſt évident que pour la dépense nouvelle de chemins il faut faire un fonds nouveau, il faut faire ensorte d'un côté que le Roi n'en soit point chargé sur les fonds anciens; & de l'autre qu'étant employé plus utilement qu'aucun autre; vû le profit de cinq cens pour cent qui en revient, il ne puisse jamais estre distrait de l'Election & employé à aucune autre chose moins profitable.

SECONDE CONSIDERATION.

La Réparation dûe par les Bordiers dans les chemins qui sont le long des terres closes.

LA plûpart des mauvais chemins de France passent sur des terres closes à droite ou à gauche, soit par des fossez, soit par des murailles, & les Proprietaires Bordiers de ces chemins sont toûjours tenus seuls ou de reparer & d'entrenir ces chemins, aussi bons qu'ils seroient, si eux ou leurs prédecesseurs, dont ils representent le droit, n'y avoient fait aucune clôture ni à droite ni a gauche, ou bien d'ôter ces clôtures. C'est le droit public envers les particuliers.

Pour se convaincre qu'ils sont dans cette obligation, il n'y a qu'à faire reflexion que le premier état des terres a esté d'estre ouvertes & non-closes. Le public étoit donc en possession des chemins, avant que les Particuliers eussent fait ni hayes, ni fossez, ni murailles le long des chemins : car on ne peut pas supposer que les passans ayent abatu ou des murailles, ou des hayes pour passer, & pour faire un chemin où il n'y en avoit jamais eu : à l'égard de la prescription, le Particulier ne peut jamais prescrire contre le Public pour une chose, & dans un cas où l'on ne peut jamais suposer que le Public ait cedé ou pû ceder son droit à ce Particulier, ou à ceux dont il y a le droit. La prescription n'a aucun lieu, quand on justifie l'usurpation ; or ici la clôture est une usurpation évidente à l'égard du Public, à moins que le Bordier ne rende le chemin aussi commode qu'il l'estoit avant la clôture. Il est donc certain *que les Bordiers n'ont pû ni dû clore qu'à une condition tacite, qui est d'entretenir le chemin Public aussi commode qu'il étoit avant la clôture, ou qu'il seroit s'il n'y avoit aucune clôture d'aucun côté.*

Ce principe est plein d'équité, & paroît tel mesme aux Proprietaires *Bordiers*, sur tout lors qu'ils trouvent de mauvais chemins le long des heritages des autres. Or ce principe condamne absolument ces Bordiers ou à déclore, ou à rendre le chemin aussi comode que s'il n'y avoit point de clôture, & ce principe prouve que chaque maison Bordiere d'une ruë, doit le pavé la où le pavé est jugé absolument necessaire pour entretenir la ruë praticable

Mais s'il est ainsi dira-t-on, celui qui a son champ en longueur sur un grand chemin, sera bien plus malheureux que celui qui n'a que la largeur du sien sur le même chemin, je répons. 1o. Que le mesme malheur est pour celui qui à son jardin en longueur sur une ruë, il paye pour le pavé plus que celuï qui n'a que la face de sa maison sur cette ruë, est ce une injustice? 2°. La servitude du chemin est une servitude Publique plus ancienne qu'aucun titre de proprieté, & pour n'avoir pas été connuë par l'acquereur de l'heritage, en est-elle moins servitude? 3°. Vous dont le champ est en longueur sur tel chemin, vous en possedez un autre qui n'a que la largeur sur tel autre chemin; de sorte que si vous perdez ici plus qu'un autre, vous perdez ailleurs beaucoup moins qu'un autre. 4°. La consideration d'une perte de vingt liv. d'un particulier, doit elle empêcher que l'on ne fasse éviter cent mille liv. de perte à mille autres particuliers. Entre deux pertes inévitables, le Législateur ne doit-il pas choisir de preserver les Citoyens de la plus grande & de beaucoup la plus grande, que de les preserver de la plus petite & de beaucoup la plus petite?

TROISIE'ME CONSIDERATION.

Ce que doivent les Bordiers suffira souvent, & ils s'en acquiteront sans grande peine.

1. J'Ay trouvé que les Bordiers n'ont nulle peine à travailler, & qu'ils travaillent mesme volontiers devant leurs heritages, quand ils voyent leurs voisins en faire autant, l'esperance qu'ils ont de ne

plus souffrir dans les mauvais chemins des autres, leur fait entreprendre avec plaisir de rendre les leurs commodes.

2°. Ceux qui ont plus d'heritages ont plus de chemins à réparer, mais aussi ils sont plus riches, & les pauvres sont rarement possesseurs d'heritages, ou s'ils en possedent c'est trés-peu, & quand ce pauvre *Bordier*, n'a, pour s'acquiter envers le Public, qu'à employer trois ou quatre jours de son travail par an, pour nétoyer les rigoles & pour en jeter les vidanges au milieu du chemin quand il ne faut que détourner une ravine qui gâte ce chemin, il conte cela presque pour rien; de même le Laboureur *Bordier* qui a une charette, ne regarde pas comme une grande affaire d'employer trois ou quatre jours de sa charette à charier des pierres pour racomoder un trou, pourvû qu'il puisse prendre des demi-journées, dans le tems où il est le moins ocupé. Le Charetier aportera volontiers des pierres pour le pauvre Bordier, pourvû que le pauvre Bordier travaille aux rigoles pour le Charetier. Ils estiment peu leurs peines dont ils sont les maîtres, rien ne leur coûte que l'argent comptant à débourser, parce qu'ils en ont trés peu; cependant avec ces travaux & ces charetées de pierre, que chacun ne conte presque pour rien, on va réparer sans murmure les trois quarts & demi des mauvais chemins du Royaume.

3°. Il est important d'observer que le Maneuvre, que le Voiturier qui a un cheval, que le Proprietaire, que le Fermier qui a une ou deux charettes, trouve le long

de

de l'année plusieurs demi journées & plusieurs journées sans ocupation : or en employant aux chemins ces demi-journées & ces journées inutiles, ils s'acquiteront sans qu'il leur en coûte rien d'une dette legitime envers l'Etat, & ne feront que donner pour un grand interest Public, un tems qui leur est inutile pour leur interest particulier. Ainsi je n'ai pas de tort quand je soûtiens que si dans chaque Election de 180. Paroisses les particuliers faisoient chacun en droit soi, pour la valeur d'environ dix mille francs comptant de travail aux chemins, avec les autres dix mille francs du fonds Public de lElection, cela suffiroit pour les rendre bons.

4. Deux mauvais endroits suffisent pour rendre une lieuë de chemin impraticable ; & qu'est-ce qu'il faudroit de pierres pour racomoder ces deux endroits ?

5°. Ce n'est pas une dépense excessive pour les Proprietaires de faire & d'entretenir chacun *en droit soi*, des fossez le long du chemin quand il est de largeur compétente, on jeteroit ce que l'on tireroit de ces fossez au milieu du chemin pour l'élever, & les eaux s'égouteroient des deux côtez dans les fossez : cependant faute de cette atention, la terre s'imbible à loisir, devient marécageuse, & le chemin se trouve plein de fange & de trous dangereux, pour les Equipages & pour les Voituriers.

6°. Une ravine qu'on ne prend point soin de détourner d'un chemin le rend impraticable, & avec quinze sols de dépense on pourroit la détourner, & détournée elle engraisseroit mesme souvent les champs où elle se répandroit.

QUATRIE'ME CONSIDERATION.

Les Chemins réparez seront facilement entretenus.

IL ne faut pas s'attendre que la premiere année les très mauvais chemins soient entierement réparez. Tel Proprietaire ne pourra souvent aporter cette année que le tiers des pierres necessaires; mais c'est beaucoup de les rendre beaucoup meilleurs, & d'estre sûr qu'en trois ans les plus mauvais chemins de France seront réparés pour long-tems, & que vû la quantité de pierres qui seront aportées, les réparations annuelles seront dorénavant trés-legeres, & que quantité d'assez mauvais chemins seront presque aussi beaux en Hyver qu'en Eté; il s'agit présentement de réparer, il ne s'agira dans la suite que d'entretenir.

CINQUIEME CONSIDERATION.

Sortes de travaux aux dépens de l'Election.

IL est certain, comme je l'ai déja dit, qu'il y a des travaux qui passent le pouvoir & le devoir des Bordiers, tels sont les ponts, les chaussées, la réparation des chemins dans les lieux où il faut ou des pierres ou du pavé, comme dans les lieux marécageux, les ziguezagues qu'on peut mettre en usage pour monter & descendre facilement les hauteurs; alors c'est à l'Election & quelque fois même à la Generalité à en faire la dépense selon que les chemins sont d'un plus grand commerce. Le Roy peut mesme dans la paix y employer trés-utilement de l'Infanterie, des Dragons, des Ingenieurs; les Troupes & les Officiers y profiteroient, & comme ces Troupes seroient déja payées; ce qu'on leur donneroit de plus par exemple trois sols par jour aux dépens de l'Election, cela feroit que les ouvrages se feroient à la moitié meilleur marché avec ces troupes, que sans ce secours; ainsi il y auroit le double d'ouvrage, & les Troupes seroient ocupées, ce qui seroit un autre avantage; car on sçait que des Troupes ocupées sont beaucoup plus disciplinables; on peut en faire l'essai aux chemins des environs de leurs garnisons.

SIXIE'ME CONSIDERATION.

Les Réglemens sur les Chemins sont insuffisans.

IL n'y a personne qui ne convienne de l'importance & du besoin pressant de ces réparations; mais les obstacles qui se presentent dans l'execution des Réglemens anciens rebutent les Intendans, c'est que ces

Réglemens n'ont pas toute la perfection qui leur est necessaire ; ainsi c'est cette perfection qui fait le sujet de cette recherche. Il manque quelque chose d'important à un Réglement, quand il n'indique pas à chacun tout ce qu'il doit, & surtout quand il ne s'execute pas comme de lui-même.

Autrefois chez les Romains, les Ediles avoient l'Intendance des chemins, & nous voyons dans l'ouvrage de Bergier par la prodigieuse dépense qu'ils faisoient en chemins qu'ils en avoient senti la prodigieuse importance ; chez nous les Lieutenans des Comtes, les Vicomtes anciens estoient Voyers ; ensuite les Vicomtes modernes eurent la Jurisdiction des chemins, comme une dépendance du Domaine Royal. Henry II. donna cette Jurisdiction aux Elûs en 1552. Henry III. la donna aux Officiers des Eaux & Forests. Henry IV. créa un Voyer de France en 1559. Ce fut Maximilien de Bethune Duc Sully son Principal Ministre, ce grand Homme qui nous a laissé des Mémoires si curieux, & qui dans ces Memoires nous a expliqué le fameux projet de son Maître, qui tend a établir entre les Souverains Chrétiens un Arbitrage, une Police generale & permanente pour terminer entre les Chefs des Nations de l'Europe sans guerre leurs differens futurs, c'est ce merveilleux projet que j'ay éclairci en trois Tomes, le mieux qu'il m'a été possible.

Mais je reviens à mon sujet. Henry IV. expliqua les fonctions de cette Charge en 1606. Mais ce fut en vain, ni le Réglement ne suffisoit, ni l'Officier n'estoit en pouvoir de le faire executer, faute d'un assez grand nonbre d'Officiers Subalternes absolument necessaires pour le détail ; & faute d'avoir par ces Réglemens *suffisamment* interessé les Officiers à l'execution. Loüis XIII. crut que dans chaque Generalité les Tresoriers de France feroient quelque chose de plus, ainsi en 1626. il les chargea des fonctions de la Voyerie ; il étendit leur pouvoir en 1627. & en 1635. mais ils negligerent de s'en acquiter : on ne leur donnoit point assez de Réglemens, ni assez d'Officiers Subalternes, & on ne les interessoit point assez à les faire executer ; ainsi les Vicomtes reprirent connoissance d'une affaire abandonnée, ils rendoient quelques Ordonnances de temps en temps, mais faute d'Officiers Subalternes interessés à les executer, elles demeuroient sans execution.

Enfin, le Roy rendit aux Tresoriers de France cette Jurisdiction en 1694. à l'exclusion des Vicomtes, ils nommerent mesme dans chaque Election un Subdelegué ; mais il ne fait point réparer les chemins, il n'a pas le pouvoir de rien ordonner, il semble qu'il ne soit commis que pour les avertir quand d'autres Juges se mêlent d'ordonner quelque chose sur cette matiere. Aussi ni les chemins Royaux, ni les grands chemins, ni les chemins de traverse ne se sont point ressentis de cet Edit ; & à dire la verité, cette attribution étoit bien moins une vûë du bien public, qu'un prétexte pour faire financer le Corps des Tresoriers de France. Nos Vicomtes residoient à la verité sur les lieux ; mais ils avoient d'ailleurs beaucoup d'autres affaires, & celle-là ſeule peut occuper un homme entier. D'ailleurs il leur falloit pluſieurs Commis ou Cheminiers dans chaque Bourg pour faire le détail, & ils n'en avoient point. Le Réglement n'y avoit pas pourvû ; ainſi il n'eſt pas étonant qu'il ſoit demeuré inutile.

Les Treſoriers de France ont fait quelques Ordonnances, mais leurs Ordonnances ſont inutiles au Public faute d'execution. 1°. Ils ne veulent pas déſobliger les Seigneurs Particuliers qui ſont bordiers des chemins. 2°. C'eſt une Compagnie, & l'on ſçait que les affaires de Compagnie ſont toûjours plus longues & plus difficiles à décider, à cauſe de la multiplicité des contradictions. 3°. Il s'agit de faire executer une Ordonnance, & non pas de déliberer, & comme chaque affaire des chemins eſt de peu d'importance & proviſoire, elle n'a pas beſoin d'eſtre traitée par les regles ordinaires de la procedure, elle ſeroit bien mieux entre les mains d'un ſeul homme d'autorité tel qu'eſt l'Intendant, pour donner un mouvement libre & aiſé à ſes Prépoſez en chaque lieu : car on remarque en fait de Police comme en fait de guerre, que pour l'execution il faut afin d'éviter la lenteur qu'amene la contradiction, qu'un ſeul en ait le ſoin, que pluſieurs ſoient conſultez pour la conſtruction de la machine à la bonne heure : mais dès qu'elle eſt bien conſtruite, qu'un ſeul ſoit chargé d'en faire mouvoir tous les reſſorts & tout ira à merveille. 4°. Les Treſoriers de France ne réſident pas ſur les lieux, ainſi ils ſont mal inſtruits, ils ne ſouffrent jamais rien des chemins éloignés d'eux. 5. Ils ont trop d'autres affaires. 6°. Ils ne sont secourus par aucun Voyer, ni par aucun Cheminier. 7°. Que les chemins soient bien ou mal réparez, ces Tresoriers n'en sont ni pis ni mieux. 8°. Ils marchent à trop grands frais, or il est évident que sans cette residence, sans cette désocupation, sans un interest particulier, on ne peut pas se promettre d'execution dans tout ces petits détails qui sont infinis : car tout le succès de cette affaire ne dépend que de petits détails ; d'ailleurs comme chacun travaille à l'envi de son voisin, chaque Bordier se dispense volontiers du travail à l'envi l'un de l'autre, quand on voit son voisin oisif *impuni* de son oisiveté.

Il faut donc un Réglement nouveau, qui renferme tous les précedens, qui prévoye encore plus de cas qu'ils n'ont fait, & surtout *qui en créant un nombre d'Officiers des chemins pourvoye à sa propre execution ;* ainsi pour tout remede nous n'avons besoin que d'un bon Reglement, qui ne laisse rien ou presque rien d'important à décider, afin que chacun sçache ce qu'il doit au Public. Il faut un nombre suffisant d'Officiers Subalternes & proportionné au besoin ; car inutilement charge-t-on quelqu'un d'executer quelque chose, si l'execution parfaite surpasse ses forces & souvent parce qu'on lui demande beaucoup plus qu'il ne peut, il fait beaucoup moins qu'il ne devroit ; d'ailleurs il faut autoriser & surtout interesser suffisamment ces Officiers, pour obliger les redevables du Public à s'acquiter envers le Public, si l'on veut que ce Reglement soit toûjours bien observé, & que tous les sujets s'acquitent les uns en vers les autres de ce qu'ils se doivent mutuellement.

Il faut un ressort perpetuel pour donner un mouvement perpetuel, & l'interest perpetuel des Officiers, & la punition perpetuelle des deffaillans qui servira de recompense aux Officiers, est ce me semble le seul ressort perpetuel, que l'on puisse employer avec succés dans cette affaire, & le moyen le moins onereux pour le Roy & pour l'Etat, dont on puisse se servir. C'est dans cette vûë que je vais proposer un projet de Reglement, & d'établissement.

Les reflexions sont peu utiles au Public, quand elles ne menent pas jusqu'au Reglement ; les Reglemens sont peu utiles, quand ils ne menent pas jusqu'à l'établissement ; les établissemens sont peu utiles, quand ils sont peu durables ; ils sont peu durables, quand ils ne se soûtiennent pas d'eux-mémes, & ils ne se soutiennent pas d'eux-mêmes, quand les Membres ne sont pas suffisamment interessez à les soûtenir.

TROISIEME

TROISIEME PARTIE

PROJET DE L'EDIT.

TITRE PREMIER.

Création des Officiers, Salaires, Privileges, Jurisdiction.

I.

CHaque Election, ou Sénéchaussée, ou Bailliage dans les Païs où il y a Election, aura un Voyer ou Officier pour la réparation des chemins, avec Provisions du Roi sur la nomination de l'Intendant, portant pouvoir de juger conformément au present Edit, & ce pour le tems qu'il plaira à Sa Majesté, il residera dans la Ville principale de l'Election, & n'aura point d'emploi qui puisse l'empêcher de visiter les chemins aussi souvent qu'il sera necessaire; il sera dans la suite choisi entre les Cheminiers & sera destituable *ad nutum*; il y aura dans chaque Generalité un Inspecteur pour les chemins, les canaux & autres ouvrages publics, il sera choisi ordinairement entre les Voyers & servira de Secretaire à l'Intendant pour ces matieres.

II.

Il y aura pareillement dans chaque Bourg & Ville un Sous-Voyer ou Cheminier, qui servira de Greffier & d'Huissier au Voyer, & destituable *ad nutum*, il résidera dans son département, & l'Intendant le choisira d'entre trois que lui nommera le Voyer. Les Nobles seront preferez aux Roturiers, & ceux qui sauront les Mathematiques pratiques, à ceux qui ne les sauront point,

F

III.

le Voyer sera ordinairement choisi entre les Cheminiers.

Ni les Voyers ni les Cheminiers n'auront de gages fixes, mais seulement des vacations taxées par l'Intendant selon les travaux mentionnées dans leurs procés verbaux.

IV.

Ces vacations seront prises sur le produit des amendes que jugera le Voyer contre ceux qui contreviendront, ou sur le fonds des chemins de l'Election, si les amendes ne suffisoient pas. Ces vacations ne pourront exceder la somme de mille liv. par an, pour le Voyer à dix liv. par chaque jour utilement employé, & sept cens cinquante liv. pour le Sous-Voyer ou Cheminier à trois liv. par jour, & deux mille livres pour le Voyer general ou Inspecteur à vingt liv. par jour.

V.

Le Voyer aura pouvoir de condamner les délinquans à l'amende, & de liquider les récompenses des Bordiers les uns contre les autres. Les apellations des Jugemens qu'il rendra ressortiront au Bureau des Tresoriers de Fance qui seront Juges en dernier ressort en cette partie.

ECLAIRCISSEMENT.

On n'a point jusqu'à present regardé en France l'affaire de la réparation & de l'entretien des chemins, comme une des plus importantes de l'Etat ; voilà pourquoi nos Reglemens sur cette matiere n'ont ni prévû ni décidé assez de cas, ils n'ont pas esté tous ramassez en un seul corps ; mais ce qui est de plus important, ils n'ont pas assez pourvû à l'execution de ce qu'ils ordonnoient, en interessant à cette execution ceux qui en estoient chargez.

Les Loix sur le partage des successions, les Loix sur les Testamens, les Loix sur les Donations ; enfin les

Loix d'entre Citoyen & Citoyen s'executent à merveille, parce qu'il y a toûjours autant de Citoyens fortement interessez à en poursuivre l'execution, que d'autres qui sont interessez à mettre des obstacles à cette mesme execution ; mais les Reglemens par lesquels le Citoyen est redevable envers le Public, tels que sont tous les Reglemens de Police, pour les ruës, pour les chemins, &c. ces Reglemens sont toûjours sujets à estre mal executez, si ce n'est lorsqu'il y a quelques Citoyens dont l'honneur ou l'interest particulier est de poursuivre vivement, & surtout constanment le bien du Public. Le Public ne poursuit rien, & l'on sçait que les affaires demeurent faute d'estre vivement & constanment poursuivies.

Je cherchois dernierement les moyens de faire réparer un chemin qui est à l'entrée de Valogne du côté de Saint Pierre; il est fort creux, souvent trés-mauvais, & si étroit que pendant cinq cens pas un homme à cheval ne peut passer auprés d'un carosse, de sorte que les charettes & les carosses qui se rencontrent, sont obligez de reculer fort loin & quelquefois en remontant; le remede estoit facile, il n'y avoit qu'à ouvrir une haye & faire passer le chemin dans l'heritage voisin, & lui assigner moitié de recompense sur le Bordier de l'autre côté; il y a 8. Bordiers qui auroient rendu environ 15. s. par an chacun au Public, je dis rendu, car ou il ne doivent pas faire de fossez, ou ils devroient entretenir le chemin d'une largeur & d'une bonté sufisante; j'allai trouver le Juge de Police, qui est aussi Subdélégué de l'Intendant, Maire de la Ville, & Lieutenant General du Bailly, il convint de la chose ; mais il me dît. 1°. Que cela ne le regardoit point, que s'il ordonoit quelque chose, il se feroit une affaire avec les Tresoriers de France qui sont à Caën, à vingt lieuës de-là. 2°. Que les Ordonnances ne decidoient point si les chemins de Bourg à Ville estoient grands chemins. 3°. Qu'elles ne regloient point la largeur des grands chemins. 4°. Qu'elles ne parloient point de ce qu'il falloit faire quand ils estoient trop étroits 5. Qu'elles ne disoient point si les Bordiers étoient obligés d'ouvrir un passage sur leur fonds : enfin, que les heritages qui bordoient le chemin en question, estoient presque tous à un Gentilhomme riche & redouté en procés, qu'il ne voudroit pas desobliger, & que quand le Roi lui donneroit toute l'autorité necessaire, il ne voudroit pas une pareille commission ; telle fut à peu prés sa réponse, & je ne trouvai pas qu'il eut tort.

Effectivement à moins que d'estre assez bien payé pour ne pas craindre de déplaire à cent personnes differentes, peu de gens accepteroient cet emploi pour l'executer avec exactitude. Quel remede donc à un mal, dont plus de trois mille personnes souffrent plus de dix fois par an? car tout ce qui vient de Barfleur, de Saint Pierre, de Cherbourg, & de trente Paroisses, vient par-là. Qui de ces trois mille personnes ne dira pas, j'aime mieux souffrir toute ma vie ma part de la peine que cause ce mauvais chemin, que de m'en aller à vingt lieuës de-là presenter une plainte aux Tresoriers de France, qui n'ordonneront rien sans procés verbal de visite, & qui n'en feront point si l'on ne consigne cent francs pour le voyage de l'un d'eux, de mesme qui voudra seul s'atirer pour partie ce Gentilhomme puissant & plusieurs autres voisins, & suivre un pareil procés, & cela pour le public, trente mille personnes diront la mesme chose, de dix autres endroits dans la seule Generalité de Caën, & trois cens mille diront la mesme choses de cent endroits semblables dans d'autres Provinces.

Les Reglemens de Police n'ont atteint leur perfection, ils ne sont utiles que lorsqu'ils se maintiennent tous seuls en vigueur, que lorsque le Legislateur a trouvé le secret de bien lier, de bien attacher l'interêt particulier avec l'interêt Public. Ainsi je ne dirai point qu'un Reglement est bon, s'il est libre à chacun de l'exécuter ou de ne le pas executer, & quand l'inexecution demeure impunie.

Dans ce projet-cy, l'Intendant qui fait plusieurs voyages en Hyver, qui aura à sa nomination un grand nombre d'Emplois, qui veut tirer facilement les deniers du Roi en enrichissant sa Province, & qui craindra les plaintes des personnes de qualité qui voyagent, sera suffisamment interessé à l'execution de cet Edit.

Le Voyer & le Cheminier qui n'ont point d'apointemens fixes, & qui ne sont payez qu'autant qu'ils travaillent, & qu'ils punissent les deffaillans, seront aussi ſuffiſamment intereſſez à l'execution de cet Edit la crainte d'eſtre deſtituez d'un Emploi lucratif & honorable, les intereſſera ſuffiſamment à s'en acquiter avec exactitude; ils ne ſeront point intereſſez d'ailleurs à vexer perſonne par des amendes injuſtes, puiſqu'ils ne profiteroient pas de la vexation, & qu'ils auroient outre cela à craindre les plaintes dans une matiere où le Public meſme eſt témoin.

Comme le Voyer doit avoir le pouvoir de juger des amendes, d'ordonner les déclotures, &c. il eſt neceſſaire qu'il ait des Proviſions du Roi.

On ne donne point d'apointemens fixes ni au Voyer ni au Cheminier, parce qu'on a remarqué que chacun ſe relâche bien-tôt dans le travail que l'on fait pour le Public l'un à l'envi de l'autre, lorſque les apointemens ſont égaux pour celui qui travaille peu & pour celui qui travaille beaucoup, pour celui qui ne punit point les délinquans de peur de leur déplaire, & pour celui qui les punit de peur de trahir ſon devoir envers le Public. Il eſt certain qu'à moins qu'on ne voye que le payement augmente à proportion du travail, la pareſſe prend bien-tôt le deſſus; chacun craint de ſe faire des ennemis *gratis*, & cette crainte ſe joignant à la pareſſe qui eſt naturelle à tout le monde, jetteroit bien-tôt dans l'inaction & le Voyer & le Cheminier.

Comme ces Emplois regardent une infinité de petits détails, s'ils eſtoient érigez en Charges venales avec des apointemens fixes, on ne pourroit plus deſtituer les

Voyers ni les Cheminiers pareſſeux ou fripons, ſans leur faire leur procés ; ce ſeroit la meſme choſe ſi on atribuoit ces Emplois à des Officiers en Charge, & que ces Officiers ne fuſſent plus deſtituables *ad nutum*, ainſi celui qui feroit mal auroit la meſme récompenſe que celui qui feroit bien, & bien-tôt tous feroient mal.

Que le Voyer general employe bien 50. journées d'Eté & 50. journées d'Hyver, que le Voyer particulier employe bien cent journées d'Hyver, & le Cheminier deux cens cinquante de ſon côté tant en Hyver qu'en Eté, cela ſuffira pour remettre & entretenir tout en bon état.

Voici des conſiderations qui peuvent détourner le Conſeil de créer ces Emplois en Charges hereditaires. 1°. Il eſt à propos de faire reflexion, que les gens en Charge ne ſont pas ſi diſciplinables que les Commis. On choiſit les uns ſelon leurs talens, & l'on ne choiſit pas les autres. 2°. Non-ſeulement ils ont moins de talens, & ſouvent ils n'ont d'autres talens que leur argent, mais ils manquent meſme de bonne volonté, ils n'obéiſſent pas. 3°. Pour leur faire executer l'Edit, ils ont un grand reſſort de moins, qui eſt la crainte d'eſtre deſtituez : car on n'interdit des gens en Charge que pour des faits graves. Un grand nombre de petites negligences ou d'injuſtices couvertes de quelque prétexte ne ſuffit pas pour les interdire. Cependant la multitude des petites negligences, ſuffit pour rendre l'Edit mal obſervé & preſque inutile. 4°. Les Voyers ne voudront pas condamner à l'amende leurs amis, ils n'oseront pas condamner ceux pour qu'ils auront de la consideration & du respect, il craindront mesme de condamner les criards, qui iroient crians, *pourquoi votre ami? pourquoi tel Seigneur n'est-il pas condamné à l'amende comme moi?* & cependant par ces considerations voilà dans toutes les Voyeries bien des endroits non réparés. 5°. Ces Voyers par animosité, par vengeance condamneront à la petite amende lors qu'il n'y aura pas lieu, ils condamneront à la grosse lors qu'il n'y écherra que la petite; enfin ils feront faire venduës rigoureuses & des frais dont ils pourroient exempter les défaillans, au lieu que les Commissionaires pourroient estre facilement destitués pour plusieurs negligences, ou pour les moindres vexations.

J'ay examiné si ce n'étoit point créer trop de Cheminiers, que d'en mettre un dans chaque Bourg, & j'ai trouvé que d'ici à cinq ou six ans, chaque Cheminier auroit plus de besogne qu'il n'en pourroit faire, eu égard à l'état present des chemins. Par exemple, le Département de S. Pierre aura dans ses dix-huit Paroisses environ neuf lieuës quarrés, & dans chaque lieuë quarrée dix lieuës de long en chemins qui se croisent, j'en ai fait la suputation dans la lieuë quarrée des environs de S. Pierre, ce seroit donc plus de quatre-vingt-dix lieuës de chemin à visiter par an: or si l'on met seulement dix personnes par chaque lieuë en longueur, à qui l'on ait à faire pour quelqu'un des articles du devoir des Bordiers, cinq de chaque côté du chemin, ce qui est trés-peu attendu le mauvais état de

nos

nos chemins; ce ſera cependant plus de neuf cens perſonnes à qui le Cheminier aura affaire le long de l'année, ſans conter le tems qu'il employera à rectifier ſes Cartes, à faire placer & entretenir les *Guidiers* & les Inſcriptions, à faire des bréches, à arrêter les Memoires des Fermiers, à faire le recouvrement des amendes, &c. toutes choſes cependant abſolument neceſſaires, ſi l'on veut que l'Edit ſoit bien executé, & les chemins tous les ans bien réparez l'Eté pour l'Hyver.

Il faut que dans ce ſeul petit département de 18. Paroiſſes, que dans cette ſeule Cheminerie il y ait plus de mille perſonnes à mettre tous les ans en travail pour reparer chacun en droit ſoi : or eſt-ce trop qu'un homme pour en mettre mille en travail, eſt-ce trop que quatre-vingt-dix hommes pour mettre tous les ans en mouvement quatre-vingt-dix mille hommes dans la Generalité; ce qui eſt à craindre au contraire, c'eſt qu'un ſeul ne ſuffiſe pas pour un ſi grand nombre, à moins qu'il ne ſoit fort laborieux, & fort expeditif.

Il pourra arriver, m'a-t-on dit, que dans dix ou douze ans les chemins ſeront devenus ſi commodes en Hyver, qu'il n'y aura plus aſſez d'amendes dans l'Election pour payer le Voyer & les Cheminiers; je répons que cela n'eſt pas facile à croire; mais alors on pourra réduire le nombre des Cheminiers à proportion des amendes : ce qui eſt de ſûr c'eſt que l'on ne peut avoir trop d'atention à cette proportion, puiſque par des punitions auſſi petites que ces petites amendes, on aporte à l'Etat un profit ſi conſiderable.

Rien n'eſt plus raiſonnable dans le fond, que de proportionner le nombre des Officiers au besoin que l'Etat en peut avoir, & de n'assurer le payement du Medecin qu'à proportion de son succès. Or ici le succès se montrera, & sera sensible par la diminution du nombre des amendes.

Il est à propos que ces Officiers trouvent plus de difficulté à estre payez sur le fonds de l'Election & plus grand que sur le fonds des amendes; parce que s'ils estoient seurs d'estre aussi seurement payez sur les deniers de l'Election, ils ne voudroient pas se faire des ennemis en jugeant des amendes, & en les faisant payer regulierement. D'ailleurs les Officiers feroient beaucoup de visites dans des chemins bien réparés, & & où il n'y auroit nulles amendes à juger, & seroient ainsi payez d'un travail inutile au Public.

Si l'on prenoit sur l'Election pour payer les Officiers, & non sur les delinquans, les innocens payeroient pour les coupables: or dans un Etat bien policé, il faut toûjours que le traitement de celui qui prend sur lui pour obéir exactement aux reglemens, soit fort different du traitement que recevra celui qui ne veut pas s'y assûjettir, & qui ne conte pour rien de les transgresser.

Je n'ai point attribué aux Cheminiers des Villes d'inspection sur le pavé, sur les bouës & lanternes, mais seulement l'inspection des chemins des environs de la Ville, c'est qu'il m'a paru qu'il y a un assez bon ordre dans les Villes que je connois, & qu'il n'y a qu'à lentretenir. Enfin s'il manque quelque chose à certaines Villes, il sera facile à l'Intendant d'y pourvoir avec le secours des Voyers.

TITRE SECOND.

Fonctions de l'Inspecteur & du Voyer.

I.

L'Inspecteur des chemins fera ses visites moitié en Hyver moitié en Eté, pour rendre compte à l'Intendant des Voyers & des Cheminiers, & des travaux publics qu'il dirigera.

II.

Le Voyer accompagné du Cheminier, & sur ses memoires, fera ses visites pendant les mois entiers de Décembre, de Janvier, de Février & de Mars, pour juger les amendes, & faire procés vèrbal des ouvrages qui tombent en charge à l'Election, les chemins les plus fréquentez seront preferés pour la plus prompte réparation aux chemins moins frequentez, quoique recommandez par gens de consideration.

III.

Quand il fera décente sur les lieux requis par les parties contestantes, il sera payé aux dépens de la partie qui décherra.

IV.

Il aura soin de faire bien entretenir les Ponts, Chaussées & pavés par les Seigneurs Peagers & autres qui y sont obligez, & à l'égard des pavez & autres endroits non pavez qui seront employez sur l'Etat de l'Election, arresté par l'Intendant sur l'avis de l'Inspecteur, il envoyera dans le mois de Mai procés verbal à l'Intendant des travaux les plus pressans, afin qu'il y soit incessamment pourvû par adjudication si le travail est considerable, ou par memoire d'ouvriers si le travail ne passe point deux cens livres.

V.

Il fera de mesme nettoyer ou élargir les petites Rivieres & ruisseaux, dont les débordemens rendront les chemins impraticables, & fera réparer les Digues qui seront necessaires à cet effet, soit aux frais des riverains, soit aux frais de l'Election, selon qu'il en sera ordonné par l'Intendant.

VI.

Dans les Bourgs les jours de marché, chacun sera tenu de faire balayer, ensorte qu'il n'y ait aucun fumier amassé ni rien de mal-propre devant sa maison & son enclos, & de faire ôter le bois, les pierres, & autres choses qui diminuent le chemin, à peine de quatre livres d'amende, & à cette fin le Voyer fera visiter de tems en tems les Bourgs de sa Voyerie les jours de marché par le Cheminier, & les visitera quelquefois lui-mesme.

VII.

Le Cheminier donnera par écrit & fera publier le jour de marché de chaque Cheminerie, 8. jours avant la visite du Voyer, le jour & la partie du jour avant ou aprés midi qu'il passera sur chaque Paroisse, afin que les Interressez puissent s'y trouver pour être presens, & à la visite & au jugement des Amendes; il ne fera point de visite dans les grandes gelées.

ECLAIRCISSEMENT.

Une preuve que les fonds pour les chemins, Ponts & Chaussées doivent demeurer dans chaque Election, entre les mains d'un Tresorier particulier ; c'est ce que l'on voit dans les Provinces d'Etats, comme en Languedoc, la Province ordonne & paye les travaux ; cela fait que ces Ponts & Chaussées y sont incomparablement mieux entretenus que dans les autres Provinces, où le fonds ne demeure pas sur le lieu entre les mains d'un Tresorier à ce exprés deputé, aussi tout y est négligé. A deux lieuës aux environs de Carenten, par exemple, il y a sept Chaussées presque toutes ruinées; Pont d'ouves, la Fiere, le chef du Pont, la Sansuriere, Pierrepont, Pont l'Abbé, Amanville; cependant c'est le Païs de Normandie le plus gras & le plus abondant, & en mesme tems c'est le Païs de Normandie où il y a le moins de commerce pendant six ou sept mois de l'année; s'il y avoit quelque fonds entre les mains du Tresorier des chemins dans cette Election, on y éviteroit à peu de frais une perte trés-considerable, & il en est de même dans toutes les autres Elections du Royaume.

Le Voyer de Valogne aura onze départemens à visiter en quatre mois, Décembre, Janvier, Fevrier, Mars, ce sera à peu prés onze jours pour chaque département qui sera composé de plus de quinze Paroisses, ces onze jours suffiront pour voir ce que le Cheminier lui montrera de plus important, c'est-à-dire, les plus mauvais chemins; mais aussi ce n'est pas trop.

Il est bon que les Interessez aux chemins puissent être avertis du jour & de l'heure de la visite du Voyer, cela fera divers bon effets. 1°. Le Voyer par la crainte des témoins n'osera juger une amende si elle n'est bien fondée; ainsi il n'y aura point de vexation à craindre de sa part, & puis les amendes étant legeres la vexation seroit peu de chose. 2°. Cela obligera les

Bordiers à avoir plus d'attention à leur devoir & mesme à faire quelque travail dans la semaine, l'orsqu'ils craindront l'amende

L'article du nettoyement des Rivieres & des Ruisseaux qui traversent les chemins, semble empieter sur la Jurisdiction des Eaux & Forests, mais de deux choses l'une, ou ces Juges y donneront bon ordre, & alors le public sera bien servi, & le Voyer ne fera rien de leur charge, ou bien ils le negligeront, & alors quel tort leur fait-on de faire executer par le Voyer pour l'utilité publique, ce qu'ils ne se soucient pas d'executer eux-mesmes.

Le Roi pourroit ordonner par le reglement à l'Inspecteur & aux Voyers, de donner leur avis à l'Intendant sur ce qui sera necessaire pour perfectioner la navigation dans leur département, & de faire ensuite executer ce qui aura sur cela été ordonné.

TITRE TROISIE'ME.

Fonctions du Cheminier.

I.

LE Chemier visitera les Chemins des environs de Bourg ou Ville, jusqu'aux bornes du département voisin.

II.

Les bornes de chaque Cheminerie seront réglées par l'Intendant sur les distances qui seront mesurées par toises

III.

Aprés la visite du Voyer, & les amendes jugées & publiées en chaque Paroisses, il fera travailler huit jours aprés à faire des breches suffisantes aux hayes & murailles, vis-à-vis les Chemins non réparés, & les ouvriers qu'il employera seront payés sur l'executoire du Voyer par les condamnez.

IV.

Tout passant, ou autre particulier, quinze jours aprés la lecture des amendes dans chaque Paroisse, s'il n'y a breche faite vis-à-vis le mauvais chemin dans chaque Paroisse, sera autorisé à porter sa plainte au Voyer, & le contrevenant condamné aux dépens du plaintif.

V.

Si le Bordier releve la bréche avant que d'avoir fait la réparation, il sera condamné à cent livres d'amende : le Cheminier pourra se servir du bois des bréches abatuës pour consolider le fond de la bréche.

VI.

Il fera diverses visites dans les mois ou l'on travaillera le plus aux Chemins pour diriger les ouvriers. Sur les grands chemins en campagne il fera planter de demi-quart de lieuë en demi-quart de lieuë deux ormes ou autres arbres à haute-tige vis-à-vis l'un d'autre des deux côtez du chemin aux frais des propriétaires à l'endroit marqué par l'ordonnance du Voyer qui leur sera signifiée : ces arbres en tems de neige serviront de balise aux voyageurs pour les empêcher de s'égarer ces *Balisiers* ne seront ni coupez ni élaguez, & on les fera remplacer s'ils venoient à tomber.

VII.

Il aura soin de faire metre dans tous les carrefours de son département un poteau croisé ou *Guidier* sur le modelle qu'en donnera l'Intendant, pour guider les voyageurs & pour leur montrer les chemins de Ville à Ville, de Bourg à Bourg, de clocher à clocher. Il entretiendra en bon état les bras & l'écriture des Guidiers ; l'Intendant en taxera le prix & le Cheminier s'en fera payer par égales portions sur les proprietaires bordiers dudit carrefour & payement acordé sur les Fermiers sauf leur recours.

VIII.

Il mettra au bout de chaque ligne deux chifres, le premier plus grand marquera les lieües du Bourg ou Ville à l'autre : le second plus petit marquera les demi-quarts de lieües, & cela seulement aprés que le chemin aura été mesuré par toises par led Cheminier. à raison de 2282. toises, quatre pieds huits pouces pour chaque lieüe commune de France de 25. au degré.

IX.

Le Cheminier de la Ville où il y aura Generalité ou Parlement, fera écrire à chaque bout de ruë le nom de la ruë & entretiendra l'inscription aux frais des proprietaires qui font le coin des ruës & payement accordé sur les locataires, sauf leur recours.

X.

Aux Ponts, Chaussées & pavez qui seront faits ou reparés aux dépens du public, le Cheminier fera mettre une inscription en pierre de taille qui portera l'année de la reparation, le nom de l'Intendant, du Voyer & du Cheminier, & il aura soin de conserver & de reparer les anciennes inscriptions de cette espece ; il fera aussi inserer ces inscriptions dans le Registre des travaux de la Voyerie de l'Election.

XI.

Il rendra conte de ses visites au Voyer de son Election, afin de le determiner à visiter le plus important & le plus pressé, & pour cela il aura un Registre au commencement duquel sera une carte generale de son département, où seront les chemins de clocher, à clocher

clocher, & plusieurs cartes particulieres où seront les chemins de hameau à hameau, avec les separations des fossez, & vis-à-vis seront mis les noms des proprietaires.

XII.

Chaque Syndic sera tenu de lui nommer le long des chemins de sa Paroisse, les Fermiers & proprietaires bordiers : ce Syndic aura trente sols pour cette indication, ce qui sera payé par le Cheminier qui en sera rembourſé sur l'Ordonnance de l'Intendant.

XIII.

Il donera au Voyer deux copies desdites cartes, l'une pour lui, l'autre pour l'Inspecteur des chemins; les Voyers & Cheminiers laisseront leurs Registres & leurs cartes à leurs successeurs, ou au moins copie d'eux certifiée.

ECLAIRCISSEMENT.

Les cartes qu'auront l'Inspecteur & le Voyer, seront d'une grande commodité pour entendre les plaintes qu'on leur fera de bouche ou par écrit, & pour y faire donner ordre promptement par chaque Cheminier.

Ces cartes, pourvû qu'elles soient mesurées exactement, seront aussi d'une grande utilité pour les Géografes de France, & pour former les cartes particulieres des frontieres & du reste du Royaume, il n'y a point d'Arpenteur dans un canton qui avec une boussole ne puisse dresser une carte des chemins d'une Paroisse, & ces Arpenteurs seront preferés à tous autres pour être Cheminiers : l'Intendant taxera au Cheminier vingt liv.

ou environ pour chaque carte d'une lieüe quarrée ; il y aura des chifres vis-à-vis du chemin, dans chaque piece de terre close & des listes où seront marqués ces chifres par renvoys, pour savoir les noms & demeures des proprietaires, & comme les proprietaires changent, il donnera un registre de ces changemens tous les dix ans au Greffe de la voyerie.

Pour peu que l'on ait voyagé, on comprendra aisément que les *Guidiers* seront d'un grand soulagement aux voyageurs, surtout dans les mauvais tems où l'on ne trouve personne dans les champs pour enseigner le chemin ; souvent même les Paysans s'expliquent mal & multiplient les doutes, cependans faute de secours, on s'areste ou bien on s'égare, & un *Guidier* qui coûtera à chaque Bordier du carrefour dix ou douze sols en dix ou douze ans, épargnera à dix milles personnes dix milles incommodités que chacun racheteroit assez cher si elles pouvoient se racheter.

Ce sera même un amusement & un délassement pour les Voyageurs de voir sur chaque Guidier précisement ce qu'ils ont fait de chemins & ce qui leur en reste à le faire à demi quart de lieüe prés ; c'est une beauté pour Royaume que la mesure de la lieuë soit uniforme dans toutes les Provinces ; cela donnera peut-être envie d'y établir l'uniformité dans les poids & dans le reste des mesures.

Il est à propos que l'Intendant fasse faire un modele pour la hauteur du Guidier, pour montrer ce qui sera enterré, ce qui sortira de terre, la grosseur & la façon de l'écriture ; il faut le fond blanc & l'écriture noire, le tout en huile.

Ce sera de mesme une grande commodité pour les grandes Villes, que le nom de chaque ruë soit écrit, & il n'en coûtera pas dix sols en dix ans, à chaque proprietaire des maisons de chaque carrefour.

Il n'y a personne qui ne conte pour quelque cho- d'être regardé comme bienfaicteur du Public ; mais il ne sieroit pas à ceux qui ont procuré des ouvrages publics de se dresser eux-mesmes des inscriptions, & c'est pour cela qu'il est de l'interest du Roy & de l'Etat de mettre en œuvre le ressort de la gloire & de la bonne gloire, & d'ordonner que ces inscriptions soient faites bon gré malgré, afin d'encourager les principaux moteurs de l'Ouvrage à l'entreprendre, à le poursuivre & à le finir, ils seront ainsi recompensez pendant leur vie, & leurs parens joüiront dans la posterité d'une distinction juste qui ne coûte rien au Public, & qui lui aportera de trés-solides avantages.

Je n'ai eu garde d'oublier le nom du Cheminier : car ce petit soin le regardera dans l'execution, & chacun selon son état cherche avec ardeur la distinction entre ses pareils.

On m'a demandé si au lieu d'un Cheminier ou Sou-Voyer pour 18. Paroisses ou environ, il ne seroit pas plus à propos de donner la commission à chaque Syndic de Paroisse, & de les recompenser de leurs vacations ; mais. 1°. C'est multiplier les Officiers de dix-huit pour un. 2°. La plûpart des Syndics n'ont pas les qualitez nécessaire.

ceſſaires. 3°. Ils auroient bien plus de menagemens pour les uns, & plus de déſir pour tourmenter les autres dans leurs Paroiſſes. 4. La recompenſe de leurs vacations ſeroit un trés-grand travail pour l'Intendant & pour l'Inſpecteur des chemins. 5°. Si cette commiſſion étoit attribuée aux Syndics par Edit, l'Intendant ne pourroit pas deſtituer ceux qui malverſeroient ou qui ſeroient négligens.

TITRE QUATRIE'ME.

Largeur des Chemins.

I.

LE Chemin Royal eſt le chemin le plus court de Maiſon Royale à Maiſon Royale, où le Roy a coûtume de faire quelque ſéjour chaque année. Le chemin le plus court des Villes, qui ne ſont éloignées que de dix lieuës de Paris, pour arriver à Paris Ville Royale & Capitale du Royaume eſt auſſi chemin Royal ; ce chemin aura douze toiſes de large lorſqu'il ne ſera point pavé.

II.

Le chemin le plus court de marché à marché ſera cenſé grand chemin, il aura ſix toiſes de large entre les hayes, ſi ce n'eſt qu'il fût ou pavé ou ferré & commode en tout tems, ce même chemin aura douze toiſes dans les bois, & cela en conſideration de la ſureté publique.

III.

Le chemin de traverſe de Village à Village & de

Village à Bourg aura trois toises entre les hayes & ne pourra avoir moins, si ce n'est qu'il fût ou pavé ou ferré & commode en tout tems.

IV.

Si ces chemins en quelques endroits sont plus larges que de 71. 36. & 18. pieds, les Bordiers ne les retreciront point, mais les laisseront de leur ancienne largeur, à moins qu'ils ne fussent pavez.

ECLAIRCISSEMENT.

J'ai consulté plusieurs Coûtumes sur la largeur des grands chemins, sur ceux qui doivent estre appellez Royaux & grands chemins, il me paroît raisonable que les chemins de Paris à Versailles, à Fontainebleau, de Meaux à Paris, par exemple, soient apelez Royaux, & que ceux qui menent de marché à marché c'est-à-dire, à un lieu où il y a toutes les semaines grand concours de peuple, de Marchands & de Marchandises, de chevaux & de charettes, tels que sont les Bourgs où il y a marché, sur lesquels les voleurs attendent les Marchands, soient apelez grands chemins.

A l'égard de leur largeur, j'ai pris un milieu entre diverses Coûtumes & divers Reglemens, qui est six toises; on pourroit en reserver deux toises pour les deux fossez ou rigoles qui seroient des deux côtez faites en talud pour recevoir les eaux du chemin qui seroit rehaussé en talud des terres que l'on tireroit de ces deux rigoles; car pour faire un bon chemin & sec, il sufit souvent qu'il soit élevé, & en talud; de sorte que l'eau au lieu d'y séjourner, s'écoule dans les rigoles. Les quatres toises serviroient de chemin, & si l'on en pavoit sept pieds de l'arge, ou que l'on se contentat d'y jetter des pierres, il seroit toujours à propos de laisser les deux costés du pavé en terre, parceque l'Eté on aime mieux marcher sur la terre que sur le pavé ou sur le ferré, il faut d'un côté menager le terrain des Proprietaires, & de l'autre avoir égard à la commodité des Voyageurs & à la facilité du tranport.

Je ne croi pas que l'on doive négliger les chemins des Villages; le Commerce entre les Villages fait & soûtient seul le Commerce des Bourgs; celui des Bourgs soutient le Commerce des petites Villes, celui des petites Villes fait & soûtient seul le Commerce des Capitales des Provinces, & de a Capitale du Royaume; ainsi les chemins de Village à Village qu'on apelle chemins de traverse, ne doivent pas estre plus negligez que ceux de Ville à Ville; parce que plus le nombre des Villages est grand à proportion des Villes, plus ce qu'il leur importe doit donner d'attention, il y a moins à faire parce que ces chemins sont moins frequentez; mais ce peu qu'il y a à faire pour les rendre praticables ne laisse pas, à cause de la trés-grande multitude d'estre trés-important.

TITRE CINQUIEME.

Obligations des Bordiers.

I.

LEs Bordiers, soit Proprietaires, soit Usufruitiers, seront tenus de donner aux chemins la largeur cy-dessus prescrite.

II

De remplir les grandes ornieres, & d'empêcher qu'il ne s'en fasse de six pouces de profondeur en Hyver; & à cet effet d'aporter l'Eté des pierres & du caillou à sufisance dans le milieu du chemin, d'aplanir le tout, & d'en aporter assez, pour que le milieu en soit tout garni à la largeur de sept pieds.

III.

De faire que les pierres ne sortent jamais plus de deux pouces, l'une au dessus de l'autre si ce n'est en pente douce.

IV.

D'aplanir les petites banques ou hauteurs qui excedront huit pouces de hauteur.

V.

De tenir le milieu des grands chemins plus haut d'un pied que le bord des rigoles.

VI.

D'entretenir de chaque côté ces rigoles profondes de deux pieds en pente douce, & larges de six pieds dans les grands chemins pour l'écoulement de la pluye.

VII.

De détourner les ravines & leur donner de l'écoulement, afin que le terrain du chemin puisse devenir plus solide, plus sec, & qu'il ne fasse jamais d'amas d'eau en Hyver de hauteur de six pouces.

VIII.

D'ôter les arbres des fossez qui pancheroient sur le chemin, les branches qui déborderoient à la hauteur du passage, & tous les arbres qui diminuëront la largeur du chemin cy-dessus prescrite.

IX.

D'ôter les roches ou grosses pierres du chemin, ou de les enfoüir en les garnissant tout au tour de pierres, & de terre en talud, en sorte que les charrettes passent commodément par-dessus, & qu'elles n'excedent jamais que de deux pouces le reste du chemin, si ce n'est en pente adoucie.

X.

De ne point fermer leurs heritages le long d'un grand chemin qui passe sur une hauteur, qu'en laissant libre un terrain sufisant pour y conduire commodément le chemin en ziguezagues d'une toise de pente sur douze toises de longueur, & de faire des troüées dans leurs hayes & dans leurs murailles, afin que les rigoles portent les eaux hors du chemin, sauf le dédomagement sur l'Election.

XI.

Celui qui ne sera Bordier que d'un côté du chemin, ne sera tenu de réparer que la moitié du chemin, & l'autre Bordier l'autre moitié chacun de son côté, à moins qu'il n'y eût titre au contraire; ainsi là où il faudra des pierres, il n'en devra que la largeur de trois pieds & demi.

XII.

Les Bordiers des chemins en campagne ou en terres non-closes ne seront tenus de la réparation, si ce n'est lorsqu'ils laboureront trop prés du chemin; celui qui tendra toujours sa terre déclose ne sera sujet à aucune amende pour réparation; mais s'il l'a tenu close dans l'Hyver, il y sera sujet.

XIII.

XIII.

Le Proprietaire ou Usufruitier poura planter des hayes & des chénes, des ormes, & autres arbres dans ses hayes le long du chemin lors qu'il sera bien réparé, & ils pourront être conservés tant que le chemin sera maintenu en bonne réparation.

XIV.

Le Possesseur à titre de Bail Emphiteotique, sera tenu des réparations des chemins comme s'il étoit Proprietaire incommutable.

ECLAIRCISSEMENT.

J'ai ramassé dans cet article tout ce que j'ai trouvé dans les Ordonnances anciennes & modernes, & ce que j'ai pû imaginer de mon côté pour rendre les chemins comodes, & comme c'est un des principaux articles, jespere que ceux qui liront ce Mémoire, & à qui il viendra quelque nouvelle vûë utile, voudront bien me la communiquer, afin que j'en puisse faire profiter le public.

Les chemins ne passent gueres par des hauteurs audessus de cent toises, & même la plûpart des hauteurs n'ont pas cent pieds. Or supposé que le chemin en ziguezagues ait un demi-pied de pente sur six pieds, la montée ne sera pas trop rude, ni la descente trop précipitée ; & cependant pour monter cent toises de haut, c'est-à-dire, trois fois aussi haut que les Tours Nôtre-Dame de Paris, il ne faudra que 1200 toises de ziguezagues, c'est-à-dire, un peu plus d'une demi lieuë. Avec le secours de ces ziguezagues, les chevaux des charettes & des carosses auront bien moins à souffrir, & comme les eaux s'écoulent promptement dans les terres voisines du chemin, à cause de la pente & des rigoles, les ravines ne gâteront plus les chemins, & ils se conserveront aisément toujours beaux; mais ces ziguezagues & les autres chemins nouveaux se feront aux dépens de l'Election, & les particuliers seront pour ces nouveaux chemins dédomagés par le public.

On m'a dit qu'il seroit à propos que les Bordiers travaillassent tous en même-tems.

Mais. 1°. Si chaque Bordier répare bien sa moitié, quoiqu'en divers tems le long de l'année, le tout sera bien réparé pour l'Hyver.

2°. Si vous ôtiez aux Bordiers la liberté de choisir leur semaine, leurs jours, vous leur feriez souvent un grand préjudice pour leurs charois pressans, soit pour leurs labourages, soit pour leurs voyages, soit pour des travaux qu'il ont pris à tâche; enfin vous les incommoderiez souvent par raport à leur santé & à l'état de leurs chevaux.

3°. Ils ne pourroient pas employer les jours, les demi-jours qu'ils trouvent inutiles le long de l'année, & ce seroit faire ainsi un tort considerable à un nombre infini de Bordiers.

On m'a dit encore que le milieu des chemins qui doit estre ferré ou pavé, devroit estre de quinze pieds de large au lieu de sept, afin que les charettes puissent passer l'une auprés de l'autre sans s'acrocher, & en demeurant sur le ferré ou sur le pavé.

Je répons. 1°. Qu'il est vrai, qu'il seroit à souhaiter que ce milieu fût de quinze pieds, au lieu de sept; mais il faut avoir égard à la dépense, & c'est une moitié de difference, ce qui seroit trés-considerable.

2°. Quand deux charettes se rencontrent, pourvû que chacune ait une roüe sur le *ferré*, elles ne souffrent pas.

3°. Comme il est rare qu'elles se rencontrent précisément au mesme endroit où d'autres viennent de se rencontrer, elles ne feront point d'ornieres sur le *non-ferré*, sur le *non-pavé*.

Comme il est à propos que chacun sache ce qu'il doit, il faudroit qu'il y eut toûjours chez le Voyer des Exemplaires de l'Ordonnance, afin que chacun pût en acheter à bon marché.

TITRE SIXIE'ME.

Récompense entre les Bordiers.

I.

Lorsque le chemin pourra estre élargi des deux côtez également, & commodément pour le Public, chaque Bordier l'élargira de son côté, si mieux ils n'aiment convenir entre eux de la récompense de celui qui metra tout l'élargissement sur son fonds, payable par celui qui n'élargira point de son côté.

II.

Mais lorſque le terrain ne le permetra pas, ſoit à cauſe d'un grand dommage d'un particulier, ſoit à cauſe de l'utilité publique, le Bordier Proprietaire ſur lequel ſera pris du terrain pour élargir le chemin, aura ſa récompenſe de moitié du terrain & de moitié des frais du foſſé nouveau ſur le Bordier opoſé.

III.

Le Voyer fera l'eſtimation ſans frais ſur le raport des Experts qu'il nommera ſur le lieu, pour la valeur de la moitié du fonds & de la moitié des foſſez à faire, & donera l'Executoire pour les frais des nouveaux foſſez, ſelon la part que chacun en devra porter, & ſi le reſte de la ſomme eſt au-deſſus de ſoixante liv. elle ſera cenſée conſtituée par le même Executoire au denier établi dans la Province, & poura eſtre rembourſée toutes fois & quantes ſoixante livres à chaque fois.

IV.

En cas d'apel de l'eſtimation, ſi celui qui la ſoûtient décheoit, il ne payera que le débourſé des procedures; mais ſi celui qui s'en plaint décheoit, il payera les dépens entiers.

V.

Lorſque l'on portera un chemin par un autre endroit ſoit pour éviter une montagne dificile, ſoit pour éviter un paſſage marécageux, ſoit pour quelqu'autre conſideration legitime, les Bordiers ſur leſquels on prendra le chemin ſeront dédomagez par le public.

VI.

L'Intendant ſeul poura ordoner un chemin éloigné de l'ancien, & ce ſur le procés verbal de l'Inſpecteur & du Voyer, & aprés y avoir apelé les intereſſez par publication aux Paroiſſes, ſur leſquelles doit paſſer le chemin.

ECLAIRCISSEMENT.

Ce ſera proprement ce titre qui poura doner occaſion d'apeler au tribunal des Treſoriers de France, à cauſe de l'eſtimation du Voyer qui pouroit n'être pas exacte, & ſe trouver trop favorable pour l'une des Parties.

J'ai rendu le parti de l'Apelant un peu moins favorable, afin de le détourner d'apeler, en ce que c'eſt plûtôt la faute du Voyer que la ſienne, ſi l'eſtimation n'eſt pas bien faite. Quoi qu'il faille viſer le plus prés que l'on peut, à la verité & à l'équité, le Legiſlateur doit autant qu'il eſt poſſible abreger la procedure, ſeur que ſi l'un des Citoyens eſt lezé en pareil cas, l'Etat n'en ſouffre rien, puiſqu'un autre Citoyen profite de la perte entiere que fait l'autre; au lieu que s'ils perdoient beaucoup de tems & d'argent à plaider, l'Etat en ſouffriroit, puiſqu'ils employeroient ce même-tems & ce même argent à quelque choſe d'utile à l'Etat, comme à mieux cultiver leurs terres & à rendre leurs autres affaires meilleures qu'elles ne ſont. Il faut même conter pour quelque choſe le tems que les Plaideurs font perdre aux Juges, aux Avocats, & aux autres gens d'affaires : car j'apele tems perdu pour l'Etat, le tems qui ne lui raporte aucune utilité.

TITRE SEPTTIE'ME.

Amendes.

I.

LEs amendes pour les réparations des chemins ne pourront être encouruës qu'aprés la lecture & la publication du present Edit, faite une fois chaque année par le Cheminier en Mai, Juin & Juillet au marché de chaque Cheminerie, & l'Imprimé donné au Syndic qui en donnera son recepissé.

II.

Le Fermier ou Metayer Bordier sera tenu de reparer le chemin, mais il lui sera tenu conte de son travail & de sa dépense, par le proprietaire ou usufruitier, à moins que ce Fermier ne fût chargé specialement par son bail des réparations des chemins, & il sera seul condamné personellement à l'amende sans aucun recours sur le proprietaire, mais en cas d'insolvabilité du Fermier, le proprietaire repondra de l'amende.

III.

Ces amendes seront au moins de vingt sols, & ne pourront exceder quatre livres pour une année contre le même, pour un endroit d'un grand chemin contenant deux perchés de long.

IV.

Le Cheminier fera lecture à l'issüe de la grandemesse de chaque Paroisse du rôle des amendes ou seront condamnés les habitans de la Paroisse, & en donera copie au Syndic.

V.

Si le condamné ne repare pas le chemin dans la quinzaine, le Cheminier pourra mettre des ouvriers aux frais du condamné, mais seulement quand la réparation sera jugée par le Voyer importante & pressée.

VI.

Le Fermier fera arêter par le Cheminier son mémoire de dépense dans six semaines du jour de l'ouvrage commencé en fournissant le certificat des ouvriers & chartiers; faute de quoi ledit Fermier n'en poura demander compte, & ledit Cheminier aura pour chaque arêté cinq sols par rôle.

VII.

Les Sou-Fermiers des terres domainiales feront faire les reparations des chemins où le Roi sera bordier; il leur en sera tenu compte par les Fermiers generaux pour ce bail-ci seulement, parce que lesdites réparations passeront à leur égard aprés ce bail pour charges locales de Fermier ocupant.

VIII.

Si le chemin est praticable & commode lors de la visite du Voyer, quoiqu'il y ait quelque article du devoir des Bordiers mal observé, le Bordier ne sera pas pour cela condamné à l'amende.

ECLAIRCISSEMENT.

Il m'a paru que pour n'avoir point à ataquer directement les grands-Seigneurs, & pour metre aisément tout le monde en mouvement, il n'y avoit qu'à condamner les Fermiers seuls à l'amende, car d'un côté comme ces Fermiers sont seurs d'estre remboursés de leur dépense en diminution de leur bail, ils travailleront incessament pour ne pas risquer de se faire condamner personellement à l'amende ; de l'autre, le proprietaire qui craindra que son Fermier ne fasse alloüer par le Cheminier un Ecu de plus qu'il ne lui en coûteroit, si lui-même en prenoit le soin, fera travailler incessament par ses ouvriers ; & cette crainte d'une perte qui agitera & le Fermier & le proprietaire, tournera ainsi au profit du public ; d'ailleurs le Fermier se portera d'autant plus volontiers à réparer qu'il profite lui-même de la commodité des chemins reparés.

Le Voyer & le Cheminier auront moins à craindre le ressentiment des Seigneurs, lorsque l'amende tombera sur leurs Fermiers, & ç'a esté ma principale vûë de diminuer la crainte que peuvent avoir les Officiers, afin que la loy pût s'executer avec plus d'exactitude.

On m'a objecté qu'il seroit mieux, au lieu d'amende, que le Voyer fit travailler au chemin par le Cheminier aux dépens du proprietaire contrevenant.

Je répons. 1°. Qu'il y fera quelquefois travailler dans des ocasions pressantes & importantes.

2°. Le Cheminier ne pourroit jamais sufire à faire faire tous ces travaux.

3°. Il pourroit faire souvent des friponeries de concert avec ses travailleurs ordinaires, sans qu'on pût avoir de preuve contre lui.

4°. De quelque maniere qu'il se gouvernât, il seroit souvent acusé, & le pis est que l'Intendant ne pourroit avoir de preuves sufisantes ni pour le condamner, ni pour le justifier, & ce défaut de preuves soit

ſoit de la friponerie, ſoit de l'innocence, mettroit l'Intendant dans la neceſſité, vû les diverſes plaintes, ou de n'avoir égard à aucunes ce qui ſeroit autoriſer les fripons, ou de punir ſouvent l'innocent & de traiter favorablement le coupable, ce qui ſeroit une injuſtice trés-facheuſe pour le particulier & trés-préjudiciable au public.

5°. Le Cheminier peut être lui-même trompé par les travailleurs, parce qu'il ne pourroit pas toûjours aſſiſter à leur travail.

6°. La bréche qu'on fera ſur le fond du delinquant ſatisfait d'un côté aux Marchands & aux Voyageurs qui ne demandent qu'un paſſage aiſé, & l'amende qu'il paye ſatisfait de l'autre aux gages de l'Oficier qui a le ſoin de la réparation du chemin.

Chaque proprietaire étant averti de l'Edit ne manquera pas d'employer dans ſon bail, la clauſe de la reparation des chemins, ainſi cet embarras d'arêter les memoires des Fermiers ocupans, ne durera que peu d'années; & le Roi pourra même ordoner dans la ſuite, ou même par cet Edit que cette clauſe ſera ſous-entenduë dans les baux, s'il n'y eſt fait aucune convention au contraire.

Les amendes de quatre livres ne ſeront point ruineuſes; & ceux qui ne veulent pas faire une dépenſe de trente ou quarante ſols pour ne point cauſer une grande incommodité publique, meritent bien de contribuer au payement des gages des Oficiers & des travaux publics, & puis il eſt au pouvoir de chacun d'éviter l'amende en rendant au public ce qu'il doit au public c'est-à-dire, ou en reparant le chemin ou en ôtant ses clôtures

---

TITRE HUITIE'ME.

Recouvrement des Amendes.

I.

LEs amendes seront payées au Tresorier des chemins par le Cheminier qui aura soin de les recevoir & d'en donner quittance, il aura un sou pour livre du recouvrement.

II.

L'Amendable payera seulement quinze sols pour la saisie & quinze sols pour la venduë, compris le papier & le contrôle, le tout comme deniers Royaux, mais le controlle pour les exploits du Cheminier ne sera que de cinq sols.

III.

Du restant des amendes, les Oficiers payés, il en sera fait un fond pour estre employé à paver les chemins marécageux & à reparer les ponts & chaussées suivant l'Ordonnance de l'Intendant, mais seulement aprés les adjudications & visites du parfait des ouvrages par le Voyer & par le Cheminier du département en presence de l'Inspecteur de la Generalité.

ECLAIRCISSEMENT.

Il est visible que dés que le Cheminier verroit qu'il y auroit assés de fond pour ses vacations, il negligeroit aisément de faire payer une partie des amendes, ainsi il est à propos qu'il soit interessé à en faire le recouvrement exact, & obligé à en faire les deniers bons.

Il y a des lieux où l'on peut au lieu de pavé faire commodément des chaussées avec un lit de pierre ou de moëllon au fonds, un lit de caillou ou petites pierres & puis dessus un lit de gros sable, ces chaussées ne durent pas si long-tems que les pavés, mais elles sont plus commodes aux chevaux & coûtent presque la moitié moins; telle est celle que M. Foucaut à faite entre Lizieux & Caën, le pavé a une commodité, c'est que la nuit les Cavaliers & ceux qui voyagent dans des carrosses peuvent aler dessus sans craindre ni de s'égarer ni de verser; au défaut des yeux l'oreille conduit, on n'auroit pas mesme besoinde fossez des deux costez d'un chemin pavé: l'Etat y gagneroit du terrain, car il sufiroit que les chemins pavez fussent de 24 pieds.

Il me semble que tous les grands chemins devroient estre pavez, & que dans chaque Election il devroit tous les ans se faire quelque bout de pavé afin qu'un jour ces chemins se trouvassent peu à peu tous pavés aux mauvais endroits, il n'y a pas dans chaque Election dix lieües de ces mauvais endroits & il y a bien des Elections où la toise de pavé ne couteroit qu'un écu, ce seroit 7200. liv. ou environ par lieuë de 2282. toises; ainsi l'Election en pourroit facilement faire paver la valeur d'une lieüe par an, & en dix ans tout le mauvais seroit pavé; mais quand la toise couteroit le double il ne faut que le double du tems, & à la fin tout se finiroit & il n'y auroit plus de ces mauvais endroits qui font tant de peur & qui rendent les chemins impraticables.

TITRE NEUVIME E.

Devoir des Charetiers.

I.

LEs charetiers & autres voituriers ne pourront ateler plus de quatre chevaux ou quatre bœufs, & deux chevaux sur leur charettes & autres voitures depuis le premier Novembre jusqu'au premier de Mai à peine de cent livres moitié au dénonciateur, moitié à la caisse des réparations des chemins.

II.

Les bandes de fer de leurs roües seront toutes dans six mois aussi larges que le plus épais des jantes de leurs roües, ordre à ceux qui les ferreront d'executer ce reglement à peine de quarante livres d'amende dont moitié à celui qui aura arêté la voiture & denoncé au Voyer, & l'autre moitié au profit de la caisse des chemins.

ECLAIRCISSEMENT.

Comme à l'entrée de Caën un tonneau de Cidre de huit cens pots ou quinze cens pintes ne payoit pas plus qu'un tonneau ordinaire de cinq cens seize pots du poids de deux mille livres, on a vû que les charetiers aportoient des tonneaux qui tenoient jusqu'à neuf cens pots, & qui pesoient plus de 3400. livres & com-

me on les charie dans le mois de Novembre & de Decembre, les chemins ſont tous rompus & pleins d'ornieres épouventables, il eſt évident qu'une reparation qui ſeroit ſufiſante pour durer quatre ou cinq ans, ſi les charettes ne portoient que deux mille livres, ne durera pas la moitié d'un Hyver, ſi les charettes ſont chargées de trois mille cinq cens.

La réparation des chemins eſt regardée comme une affaire trés-importante en Angleterre, & nous aprenons par les nouvelles, publiques que le Parlement a paſſé ſur cela deux actes dans le mois dernier, par l'un deſquels il eſt deffendu d'ateler plus de cinq chevaux de file ; mais comme quatre forts chevaux tirent facilement un tonneau de 516. pots ou de mille pintes, ou un poids de deux mille livres il faut je croi réduire la charette à quatre chevaux juſqu'à ce que les voitures ayent quatre roües alors on pourra y mettre ſix chevaux & meſme huit, mais il faut attendre que les chemins ſoient pavez ou du moins bien ferrez.

Un autrre malverſation, c'eſt que les charetiers pour s'épargner trente ou quarante ſous de fer pour la ferrure de leur roües font cette ferrure ſi étroite que leurs charettes mediocrement chargées coupent la terre, & enfoncent dans le chemin deux ou trois pouces plus qu'elles ne feroient ſi la ferrure étoit auſſi large que la jante eſt épaiſſe par l'endroit le plus épais, & voilà une ſeconde cauſe des profondes ornieres qui rendent les chemins impraticables ; or cette petite épargne n'eſt pas comparable à la perte qu'elle cauſe, & d'ailleurs

leurs jantes étant par tout également épaisses en dureront bien davantage.

Si tous les mauvais chemins étoient réparez, tous les charois ne se feroient plus qu'à quatre roües, les chevaux ne periroient plus au limon, & les pavez & les autres chemins en soufriroient la moitié moins ; c'est que le poids qui porte sur deux roües portant sur quatre ébranleront la moitié moins le pavé, & feroit les ornieres la moitié moins profondes sur le non pavé.

TITRE DIXIEME.

Devoir de l'Intendant.

I.

L'Intendant s'apliquera a bien choisir les Officiers, & s'il se trouve des endroits des chemins non reparés, il destituera les Officiers negligens. En cas de maladie de l'Inspecteur, du Voyer ou du Cheminier il substituera par provision.

II.

A l'égard des réparations qui tomberont en charge sur le fonds de l'Election, il n'en sera délivré aucuns deniers que sur les Ordonances de l'Intendant qui sera au pied des memoires d'ouvriers, ou au pied du jugement qui déclarera parfaits les ouvrages ajugez au rabais, & ce parfait sera jugé par l'Inspecteur & le Voyer, & les adjudications se feront dans chaque Election, en presence de l'Intendant ou de son Subdelegué. Il donera tous les trois ans avis au Conseil de ce qu'il jugera, devoir estre ou ôté ou ajouté à l'Ordonnance.

III.

L'Intendant taxera tous les trois mois les vacations & les frais de l'Inſpecteur, du Voyer & du Cheminier du quartier precedent & arêtera l'état des amendes payées, & l'état des amendes non payées, & pourra diferer le payement des vacations du Cheminier juſqu'au recouvrement total des amendes.

IV.

Il y a des endroits dans chaque Generalité où il faudroit des ponts d'une grande étenduë, mais qui ſeroient quatre fois plus utiles que la dépenſe; l'Intendant en fera faire des memoires où l'on puiſſe voir ſufiſamment la grandeur de l'utilité en comparaiſon de la dépenſe, & envoira ce memoire au Controleur General des finances pour eſtre autoriſé par Arreſt, à impoſer ſur la Generalité ce qu'il en doit couter.

ECLAIRCISSEMENT.

On pourra demander dans trois ou quatre ans aux Intendans leur avis ſur les choſes qu'il jugeront à propos d'ajoûter ou de retrancher à l'Edit pour le perfectioner avec les raiſons des additions & des retranchemens qu'ils propoſeront.

Supoſé qu'il ſe forme un jour un reglement ſur les chemins, je croi qu'il ſeroit utile de l'envoyer dans l'Autone aux Intendans des Provinces pour le faire publier dans les Paroiſſes, chacun pourroit l'Hyver ſuivant examiner les travaux qu'il a à faire l'Eté ſuivant, afin de ne pas tomber dans le ſecond Hyver ſuivant dans les cas des amendes.

Je ne parle point ici de la maniere d'imposer les six deniers pour livre de tout ce qui se paye au Roy dans chaque Election, cela se peut faire par une déclaration separée sur les avis des Intendans, mais il y a une consideration importante à faire; c'est que si chaque Election n'entretient pas *suffisament* les ponts & les chaussées & ne fait pas les pavez necessaires, inutilement on feroit travailler les particuliers chacun *en droit soit*, un pont ruiné, cinq ou six perches de chemin impraticable, empêchent tout commerce comme s'il y en avoit mille perches il faut que l'Election & les Bordiers contribuent en mesme-tems, autrement le Commerce ne profiteroit presque pas de la dépense des Particuliers.

I. OBJECTION.

L'utilité de la reparation des chemins est assez évidente, sans qu'il soit besoin de s'amuser à la prouver fort au long, comme a fait l'Auteur du memoire

REPONSE.

1°. Ce n'est pas l'utilité en general de la réparation des chemins que je prétens montrer, c'est le degré de cette utilité que j'ai prétendu éclaircir, c'est la grandeur de la perte que cause continuelement à l'Etat la negligence des chemins que j'ai voulu suputer, pour la commodité de ceux qui sont préposez aux affaires publiques. Il est à propos de leur bien mettre devant les

yeux

yeux & avec la plus grande precision que l'on peut, le degré d'utilité du reglement qu'on leur propose, afin qu'entre les divers reglemens qu'ils peuvent proposer au Conseil ils puissent plus facilement & plus surement choisir les plus importans & les plus pressés, ainsi je ne saurois croire que le tems que j'ai mis à montrer le degré d'importance des chemins commodes soit un tems mal employé.

2°. Quand il est question de remedier à un mal journalier, il se trouve ordinairement quantité d'obstacles qui rebutent bien-tôt les Ministres & les Magistrats qui cherchent le remede eux-mesmes, ou qui veulent mettre en pratique celui qu'on leur propose, il n'y a qu'une seule chose qui puisse les soutenir dans leurs entreprises, c'est d'avoir presente à l'esprit toute l'importance du succez, sans cela ou bien les obstacles que l'on prevoit empêchent d'entreprendre, ou bien ceux qu'on n'a pas prevûs rebutent bien-tôt ceux qui ont entrepris.

3°. Si les Ministres qui nous ont precedé & qui ont quelquefois detourné les fonds destinez pour l'entretien & pour la reparation des chemins, *des Ponts & des Chaussées*, avoient pû voir clairement que cet argent devoit produire huit cens ou du moins cinq cens pour cent par an, & que par consequent detourner ces fonds c'estoit prendre à interest, à condition de charger l'Etat de payer au bout de l'an huit millions ou du moins cinq millions pour un million, ils n'auroient jamais été tentés de faire un emprunt si ruineux, & loin d'avoir detourné ces fonds, ils auroient plûtôt fait leurs efforts pour les augmenter; il étoit donc trés-important de bien éclaircir le degré d'importance de la matiere.

4°. Il s'agit de prouver aux peuples que chaque écu de depense qu'on leur imposera outre les autres impots, leur raportera un profit de cinq écus au moins au bout de l'an ; or l'on ne pouvoit trop éclaircir ces preuves importantes surtout en leur marquant que ce fonds ne sortiroit jamais de l'Election.

II. OBJECTION.

Pourquoi prendre pour reparer les chemins une autre voye que celle des Intendans ? Pourquoi créer de nouveaux Officiers ?

REPONSE.

1°. Je ne croi pas qu'il faille prendre une autre voye que celles des Intendans, mais comme ils n'ont pas le loisir de vaquer aux détails infinis de tous ces chemins qui sont cependant necessaires pour tenir toutes les parties de tous les chemins en bon état, que fais-je autre chose en prouvant la necessité de créer de nouveaux Officiers subalternes, que de procurer aux Intendans mêmes les moyens sans lesquels ils ne sauroient venir à bout d'un ouvrage si important.

2°. On a vû beaucoup d'Intendans habiles, laborieux, affectionés au bien public ; cependant l'experience du mauvais état de la plus grande partie des grands & des petits chemins montre assez que tant qu'ils ne seront point secourus journellement par sept ou huit hommes par Election, le mal, loin de se guerir, ne fera qu'empirer tous les jours.

3°. Aureste on fera plaisir au public de montrer qu'on peut se passer à moins d'Oficiers, qu'il y a des moyens de les reparer & de les entretenir à moindres frais & d'une maniere moins onereuse à chaque Province, on fera plaisir au public d'indiquer des articles plus convenables pour leur doner d'un côté assez d'autorité pour faire executer le reglement, & de l'autre assez de crainte de faire la moindre vexation à aucun des sujets. Je ne propose mes vûës qu'afin d'exciter les autres à nous en donner de meilleures.

III. OBJECTION.

Il y a deux manieres de remedier à la perte continuelle causée à chaque Province par les mauvais chemins; l'une, c'est de lever sur toute la Province de quoi les faire reparer, de faire les adjudications des travaux, & d'en faire les procés verbaux de parfait, c'est celle que l'on suit, l'autre seroit de suivre celle que propose l'auteur, mais pourquoi changer de methode? Pourquoi charger chaque Bordier de reparer devant son heritage? Ne sufit-il pas qu'il paye de quoi faire reparer & que l'Intendant fasse faire les marchés comme à l'ordinaire.

REPONSE.

Il y a deux sortes d'ouvrages à distinguer, l'un qui doit estre à la charge de l'Election ou de la Generalité, ce sont les Ponts & Chaussées, les pavez & autres travaux dans des lieux marécageux; pour cette sorte de travail, il n'y a rien ou presque rien à innover, sinon qu les Voyers & les Cheminiers en feroient plus facilement, plus fidellement & à moindres frais, les devis ou memoires de ce qu'il faudroit faire ; que ceux qu'on y a employez jusqu'ici ; il faut toûjours pour ces sortes de travaux des levées de deniers, des publications, des adjudications, des procés verbaux de parfait, je ne change rien à cela.

Mais il y a une autre sorte de travail qui est celui que chacun doit au public vis-à-vis de son heritage lorsqu'il est clos, celui-là pourroit aussi estre laissé à l'Intendant & mis au nombre des travaux des adjudicataires, mais il n'est pas difficile de voir qu'il y a bien moins d'inconveniens à en charger chaque Bordier qu'à en charger des adjudicataires. 1°. Les ouvriers étrangers coûteront plus que les ouvriers des lieux. 2°. L'Intendant ne pourroit jamais avoir assez de loisir pour faire toutes les petites adjudications particulieres qui seroient necessaires ou s'il vouloit comprendre dans un même marché un grand nombre de travaux diferens, les adjudicataires pouroient bien plus facilement le tromper. 3°. En ce cas les intelligences entre les Secretaires des Intendans & les adjudicataires seroient beaucoup plus faciles à pratiquer, & plus dificiles à découvrir, ainsi ou les chemins seroient mal entretenus, ou la Province payeroit deux fois plus pour cet entretien qu'il ne lui en couteroit, si chacun faisoit sa besogne. 4°. Enfin il est visible par l'experience que les choses ne peuvent gueres aler plus mal qu'elles vont pour cet article, ainsi c'est une necessité d'y aporter quelque changement; or que l'on nous montre quelques moyens plus faciles, plus eficaces, plus durables que ceux que j'ai indiqués, & ces moiens seront bien reçûs.

IV. OBJECTION.

Le peuple est déja surchargé, & vous proposez encore une nouvelle charge, & un nouveau subside.

REPONSE.

1°. Ce n'est point un subside qui ne raporte à celui qui le paye que la seureté de l'Etat, c'est une avance qui raportera huit pour un, les proprietaires ont beau être chargez de dettes & d'impositions, il n'y en a aucun qui ne se résolût volontiers à se retrancher encore un Ecu pour avoir huit Ecus au bout de l'année, une pistole pour avoir huit pistoles; c'est que le profit serviroit à payer avec plus de facilité leurs subsides & leurs autres dettes. Or nous avons montré que l'Etat profiteroit de huit cens pour cent: & qu'est-ce que l'Etat sinon l'assemblage de tous les Citoyens qui le composent?

2°. Le Vigneron, quoi qu'acablé de Créanciers, ne regarde-t-il pas comme sa premiere dette, l'avance & la dépense qu'il est obligé de faire pour labourer sa vigne, pour acheter du fumier, des échalas, des futailles: c'est que cette avance doit lui produire une somme avec laquelle il se remboursera de toutes ses avances, il fera subsister sa famille toute l'année, & payera ses Creanciers. Or année commune peut-il conter que cent frans qu'il employe à cette avance, lui raportent en tout plus de deux cens frans, c'eſt-à-dire cent pour cent de profit au lieu que pour vingt ſols qu'il avancera pour ſa cotte-part de la reparation des chemins, le commerce du vin & des autres denrées ſera plus facile & plus grand, il ſe tranſportera plus loin à moindres frais, le negociant & les autres acheteurs en ſeront plus riches, la conſomation en ſera plus grande, ainſi ce Vigneron vendra ſes quatre muids de vin plus promptement, plus commodément; chaque muid ſera vendu quarante ſols de plus, c'eſt huit livres de profit qu'il fera ſur ſes quatre muids, & qu'il 'nauroit point fait, ſi lui & ſes voiſins & les autres Sujets du Roi avoient tous laiſſé les chemins impraticables pendant pluſieurs mois de l'année, & ſi lui en particulier n'avoit pas employé ſes deux ou trois journées à racommoder ſon chemin, & qu'il n'eût pas payé environ dix ſols pour ſa part du fonds de l'Election pour le chemin.

Il eſt vrai que le Vigneron n'a pas aſſez de connoiſſance ni de ce que peut le grand commerce pour augmenter ſon revenu en augmentant celui des autres, ni de ce que peut la facilité des chemins pour augmenter le commerce; mais la choſe n'en eſt pas moins vraye, le profit n'en eſt pas moins réel, il ſufit que le Souverain, il ſufit que ſon Miniſtre en ait une plaine connoiſſance pour obliger *malgré lui* le Vigneron à faire cette dépenſe & à payer ces dix ſols qu'il doit au Public pour la reparation des chemins, tandis que tous les autres bordiers s'aquiteront comme lui de ce qu'ils doivent, & feront pareilles avances pour reparer tous les chemins du Royaume, & n'est-ce pas à l'autorité Publique à l'obliger de faire malgré lui un profit considerable qu'il ne feroit pas s'il n'y étoit comme forcé?

3°. Les Manufactures qui sont des établissemens si utiles aux Etats, ne demandent-elles pas de mesme des avances? Or raportent-elles plus de cent pour cent en un an, au lieu que l'avance annuelle de l'Etat pour la reparation des chemins, raporteroit annuellement huit cens pour cent; soixante & quatorze millions pour neuf millions d'avance; mais quand elle ne raporteroit que cinq cens pour cent, cinquante quatre millions pour neuf millions de dépense; où trouver une avance qui produise sans aucun peril un plus gros interest, que celle-ci pour tous les interessez, & mesme il faut observer que la dépense ira en diminuant & que le profit ira toûjours en augmentant par l'augmentation perpetuelle du commerce.

V. OBJECTION.

Vôtre Memoire a beau esttre utile, m'a t-on écrit, il ne sera point lû par ceux qui seuls ont l'autorité de le rendre utile au Public, il n'est pas trop long par raport à tout ce qu'il falloit éclaircir, mais il se trouvera trop long pour les Ministres qui sont si occupez des affaires journalieres, ordinaires & pressées, qu'ils ne peuvent pas trouver le loisir de lire un Memoire d'une heure de lecture sur une affaire extraordinaire qui paroît n'avoir rien de pressé, bien loin de doner le tems qui seroit necessaire pour l'examiner à fonds.

Si on leur donne des Memoires fort courts pour les inviter à les lire, ils les trouveront pleins d'obscuritez

& de dificultez qui les rebutent ; si on leur donne des Memoires assez amples où l'on éclaircit toutes les dificultez, ils lestrouveront trop longs pour se resoudre à les entamer, cependant que servent les bon Memoires dont les Ministres ne sauroient faire usage ?

REPONSE.

1°. Il est trés-vrai que les Ministres n'ont pas ordinairement le loisir d'examiner à fonds un grand Memoire dont dépend le succés d'un bon Reglement, c'est ce qui m'a fait penser que dans chaque Etat il devroit y avoir *le Conseil des Memoires*, composé de diférens Bureaux selon les differentes matieres genérales, Justice, Commerce, Police, Finances, & Milice ; en voilà déja une partie d'établi par l'établissement de la Chambre du Commerce, & heureusement pour le succez de ce Memoire cela la regarde ; & ne sufit-il pas que M. le Controlleur General le renvoye à cette Chambre ; qu'on nomme des Commissaires qui aprés en avoir conferé avec l'auteur en fassent leur raport à la Chambre, qui donera ensuite son avis au Ministre : or cela est-il impossible ? ainsi pourquoi seroit-il impossible qu'un bon Memoire du moins s'il regarde le Commerce produisit un établissement trés-avantageux au Royaume ?

2°. Si le Conseil sur la premiere ébauche de ce Memoire, voyant mieux l'importance de l'affaire a déja créé un Inspecteur des chemins dans chaque Generalité pourquoi ne pourions nous pas esperer qu'il achevera heureusement dans une sage Régence une affaire si avantageuse & si désirée de tout le monde ?

FIN.

www.ingramcontent.com/pod-product-compliance
Ingram Content Group UK Ltd.
Pitfield, Milton Keynes, MK11 3LW, UK
UKHW021206220726
13924UKWH00003B/1358